La maison au Québec

YVES LAFRAMBOISE

DE LA COLONIE FRANÇAISE AU XXᵉ SIÈCLE

La maison au Québec

LES ÉDITIONS DE L'HOMME

Toutes les photographies de cet ouvrage ont été prises par l'auteur,
sauf celles des pages suivantes : page 70, Pierre Clouâtre
pages 90 et 317 (en haut), Robert Derome
Photographie de la couverture : la maison Lettre-Trudel à Saint-Laurent,
Île d'Orléans
Tous les croquis, dessins et cartes ont été réalisés par l'auteur,
sauf ceux des pages suivantes : page 8, Jean-René Caron
page 13, Félix Genêt-Laframboise

Révision : Renée Bédard et Odette Lord
Conception graphique : Josée Amyotte
Infographie : Johanne Lemay
Traitement des images : Mélanie Sabourin

Données de catalogage avant publication (Canada)

Laframboise, Yves
La maison au Québec : de la colonie française au XXe siècle

1. Maisons rurales - Québec (Province) - Histoire. 2. Architecture domestique -
Québec (Province). 3. Habitations - Québec (Province) - Histoire. 4. Maisons rurales
- Québec (Province) - Ouvrages illustrés. I. Titre.

NA8210.C3L33 2001   728'.6'09714   C2001-940239-2

DISTRIBUTEURS EXCLUSIFS:

• Pour le Canada
et les États-Unis:
MESSAGERIES ADP*
955, rue Amherst
Montréal, Québec
H2L 3K4
Tél.: (514) 523-1182
Télécopieur: (514) 939-0406
* Filiale de Sogides ltée

• Pour la France et les autres pays:
VIVENDI UNIVERSAL PUBLISHING SERVICES
Immeuble Paryseine, 3, Allée de la Seine
94854 Ivry Cedex
Tél.: 01 49 59 11 89/91
Télécopieur: 01 49 59 11 96
Commandes: Tél.: 02 38 32 71 00
Télécopieur: 02 38 32 71 28

• Pour la Suisse:
VIVENDI UNIVERSAL PUBLISHING SERVICES SUISSE
Case postale 69 - 1701 Fribourg - Suisse
Tél.: (41-26) 460-80-60
Télécopieur: (41-26) 460-80-68
Internet: www.havas.ch
Email: office@havas.ch
DISTRIBUTION: OLF SA
Z.I. 3, Corminbœuf
Case postale 1061
CH-1701 FRIBOURG
Commandes: Tél.: (41-26) 467-53-33
Télécopieur: (41-26) 467-54-66

• Pour la Belgique et le Luxembourg:
VIVENDI UNIVERSAL PUBLISHING SERVICES BENELUX
Boulevard de l'Europe 117
B-1301 Wavre
Tél.: (010) 42-03-20
Télécopieur: (010) 41-20-24
http://www.vups.be
Email: info@vups.be

Pour en savoir davantage sur nos publications,
visitez notre site : **www.edhomme.com**
Autres sites à visiter : www.edjour.com • www.edtypo.com
www.edvlb.com • www.edhexagone.com • www.edutilis.com

Dépôt légal : 1er trimestre 2001
Bibliothèque nationale du Québec

ISBN 2-7619-1615-8

L'Éditeur bénéficie du soutien de la Société de développement des entreprises
culturelles du Québec pour son programme d'édition.

Nous reconnaissons l'aide financière du gouvernement du Canada par l'entremise
du Programme d'aide au développement de l'industrie de l'édition (PADIÉ) pour
nos activités d'édition.

Remerciements

Je tiens à remercier chaleureusement les personnes et les organismes qui m'ont si aimablement apporté leur aide au cours de la réalisation de cet ouvrage, en particulier : Mme Nathalie Clerk et M. Marc de Caraffe, de la Direction générale des lieux historiques nationaux (Patrimoine canadien), M. Jacques Morin, des Archives nationales du Québec, M. Jean-René Caron, de Caron et Gosselin communications graphiques, Mme Louise Dubois, M. Pierre Lahoud, M. Ronald Chabot (Lévis), M. Michel Brassard, M. Timothy Rogus (Ministère des Relations internationales), M. et Mme Pierre Ellyson, l'équipe du Centre local de développement du Haut-Saint-François, Félix Genêt-Laframboise et Fuji Photo Film Canada inc.

J'aimerais enfin remercier tout particulièrement M. Ken Meany, de Noyan, qui m'a fourni une information étonnante sur la construction de colombage briqueté dans sa région.

Présentation

La maison qui peuple les campagnes, les villages et les hameaux du Québec, voilà l'objet de cet ouvrage. C'est une espèce commune, il va sans dire, mais son nombre atteint quelques centaines de milliers au moment de la Seconde Guerre mondiale, période charnière où cette facture encore traditionnelle des maisons cède peu à peu la place à de nouveaux procédés de construction propres à la seconde moitié du XXe siècle.

Plusieurs ouvrages ont traité certaines de ces maisons mais, la plupart du temps, on a délaissé l'ensemble au profit des cas exceptionnels. En effet, cela valait-il la peine de parler de ces modèles «ordinaires», voire répétitifs ou même sans invention? Pis encore, n'était-il pas normal de taire l'existence de ces spécimens que l'on pouvait qualifier d'«orphelins», puisque la plupart d'entre eux n'étaient pas conçus par des architectes? De toute façon, personne ne s'y intéresserait jamais…

Pourtant, ce sont les maisons que l'on rencontre le plus souvent au Québec. Ce sont elles qui ont abrité nos premiers colons, les premiers occupants de nos campagnes et de nos villages. Elles ont reçu en leur sein la majeure partie de la population, ceux et celles qui ont façonné le Québec dans la somme des petits destins quotidiens accumulés à travers les siècles.

Nos amis les Anglo-Saxons emploient un joli terme pour décrire ces habitations qui échappent à la rigueur des grands styles tout en s'inspirant de leur vocabulaire, et qui en adaptent à leur façon les formes générales. Ils parlent de maisons vernaculaires. Ce mot n'est pas d'usage courant au Québec. On parle rarement d'architecture vernaculaire chez nous. Mais on entend parler quelquefois d'architecture populaire, un concept qui s'en approche. Plus souvent, on parlera simplement de nos maisons de campagne, de nos maisons villageoises ou de nos maisons rurales.

Petit à petit, à partir des débuts de la colonie française en Amérique jusqu'à la Seconde Guerre mondiale, ces maisons se sont répandues sur l'ensemble de nos régions habitées. Les modèles sont si variés que le commun des mortels a de la difficulté à s'y retrouver. Y a-t-il un point commun entre ces divers individus auxquels on ne saurait donner un nom? Peut-on y trouver des parents, des amis, des relations? Certains revêtent leurs plus beaux atours, d'autres produisent un bel effet, d'autres encore sont bien fagotés… C'est déjà beaucoup, mais d'aucuns n'ont que la pelure. Qui donc compose cette foule où les modes ont déterminé l'essentiel du parcours, où chaque propriétaire y est allé en fonction de ses moyens, où chaque région a marqué le paysage de ses particularités?

Allons voir! Prenant à témoin quatre siècles d'histoire, ce guide des styles régionaux vous propose une visite à travers le Québec, et vous fait découvrir une figure imposante du passé, la maison de tous les jours.

COMMENT UTILISER CE LIVRE

Dans cet ouvrage, vous trouverez — classés de façon chronologique et géographique —, les principaux types de maisons que l'on rencontre un peu partout au Québec, tant en milieu rural que dans les villages. Ce livre répond aux questions les plus courantes : Quels styles trouve-t-on chez nous ou dans une région donnée ? À quel genre les maisons appartiennent-elles ? Où sont-elles localisées et à quel endroit peut-on en admirer des concentrations ou des ensembles exceptionnels ? Vous croyez avoir tout vu ? L'architecture ancienne du Québec n'a plus de secrets pour vous ? Détrompez-vous ! Vous reconnaîtrez plusieurs endroits, mais cet ouvrage vous en fera également découvrir beaucoup d'autres où des maisons ou des ensembles remarquables illustrent les étapes les plus importantes de l'évolution de l'habitation au Québec.

Le guide des styles régionaux met l'accent sur le paysage architectural actuel du Québec. Il permet avant tout de comprendre ce qui le compose à l'heure actuelle. L'histoire de la maison au Québec s'appuie donc en premier lieu sur des spécimens que tout le monde peut voir.

D'abord, s'entendre sur le mot « style »

Tout au long de cet ouvrage, certains mots reviendront souvent, à commencer par le mot « style ». Que signifie-t-il dans le contexte de l'architecture ? Les **styles** sont en fait des regroupements esthétiques dont les caractéristiques propres se traduisent par un vocabulaire formel appliqué au plan de la maison, à la forme du toit, à la nature et à l'emplacement des ouvertures, aux éléments décoratifs et à d'autres détails. Les styles habillent divers **genres** de maisons, qui sont déterminés par leur fonction : maisons de ferme, maisons villageoises, chalets, résidences de villégiature, maisons et résidences bourgeoises, villas et autres. Mais il arrive aussi que nous parlions de **mouvement** ou de **courant**, selon que les maisons d'une époque ou d'une période s'imprègnent avant tout d'un même esprit, affichent une tendance, sans se limiter à un vocabulaire formel précis. Il en va autrement des **modèles architecturaux**, qui constituent des types précis à l'intérieur des styles.

On parle aussi d'influence

Bien des maisons ne se rattachent pas à un style identifiable. Pourquoi ? Parce que ces maisons populaires, que nous qualifions aussi de vernaculaires, affichent une telle simplicité architecturale qu'il est difficile de les relier à un style précis. En fait, la forme générale et les matériaux utilisés, hérités de la tradition, déterminent leur identité.

Le style devient alors une caractéristique secondaire que l'on détecte généralement dans les éléments appliqués : moulures, chambranles, corniches, consoles, modillons et autres. Nous parlons alors d'**influence stylistique** plutôt que de style. Parfois, plusieurs influences différentes se côtoient dans un même bâtiment. L'appartenance à un style précis devient alors moins significative.

Utiliser le tableau général des styles

Les principaux styles, les mouvements et les courants traités dans ce livre sont succinctement présentés dans le tableau de la page 22. Il s'agit là bien sûr d'un résumé puisque, à l'intérieur d'un même style, des différences de forme sont souvent à l'origine de l'existence de modèles différents.

Par ailleurs, nous présentons dans chaque chapitre les styles et les principaux modèles de maisons avec leurs caractéristiques. Dans la mesure du possible, nous avons signalé la distribution géographique de ces modèles sur le territoire québécois.

Reconnaître les maisons par la forme ?

Il est souvent possible, en se basant sur la silhouette générale et la forme d'un toit, de déterminer le modèle d'une maison ou le style auquel elle se rattache. Vous aurez à cet égard avantage à consulter le tableau de la page 24. Même s'il ne répond pas à toutes vos questions, il vous permettra de vous repérer plus facilement et d'aller directement aux chapitres concernés.

Beauport, entité villageoise dessinée en 1831. (Graphite de James Patterson Cockburn, Archives nationales du Canada)

PRÉSENTATION

LOCALISATION DES MAISONS
ET DES PHÉNOMÈNES RÉGIONAUX AU QUÉBEC

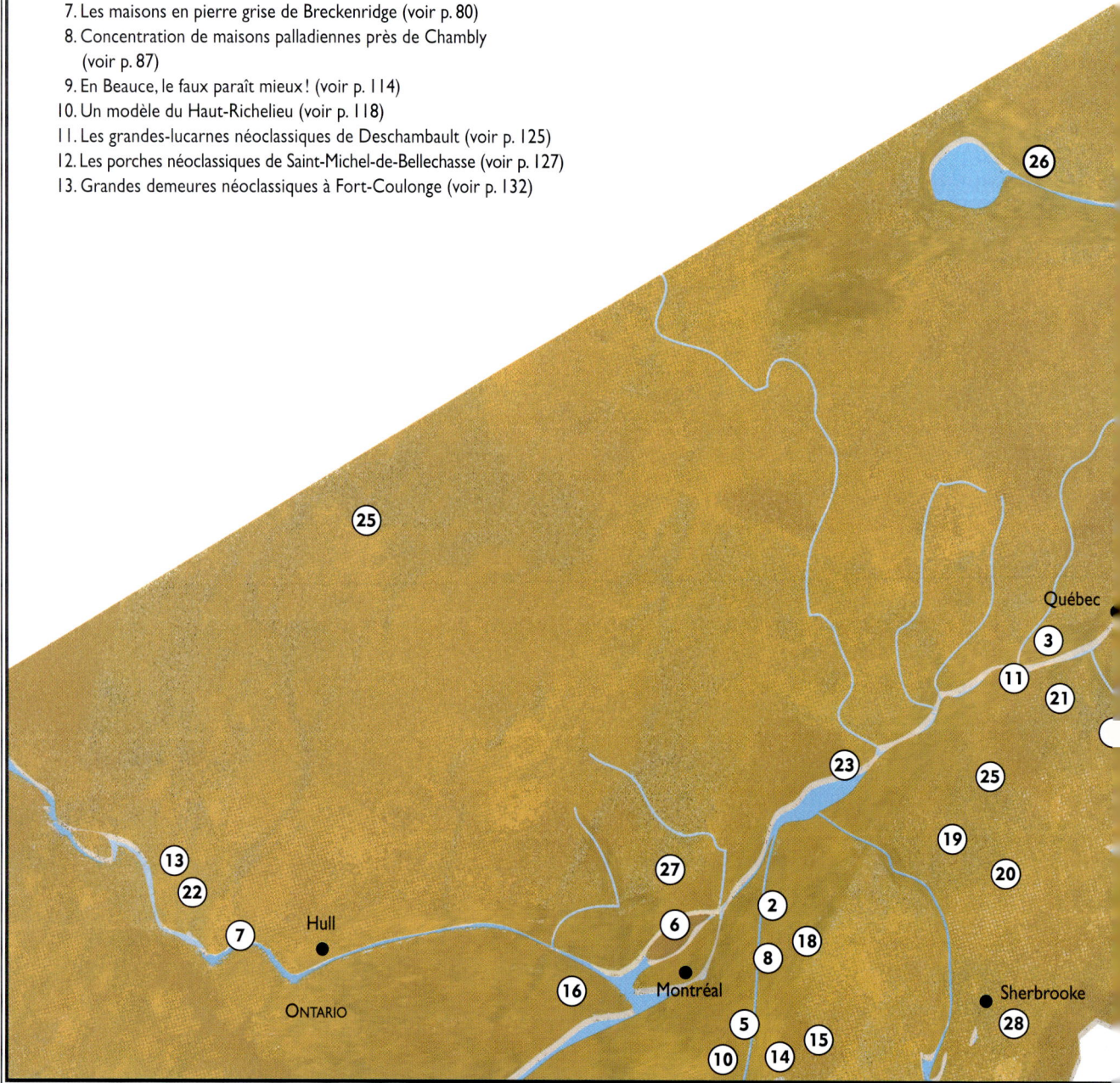

Hull

Québec

Montréal

Sherbrooke

ONTARIO

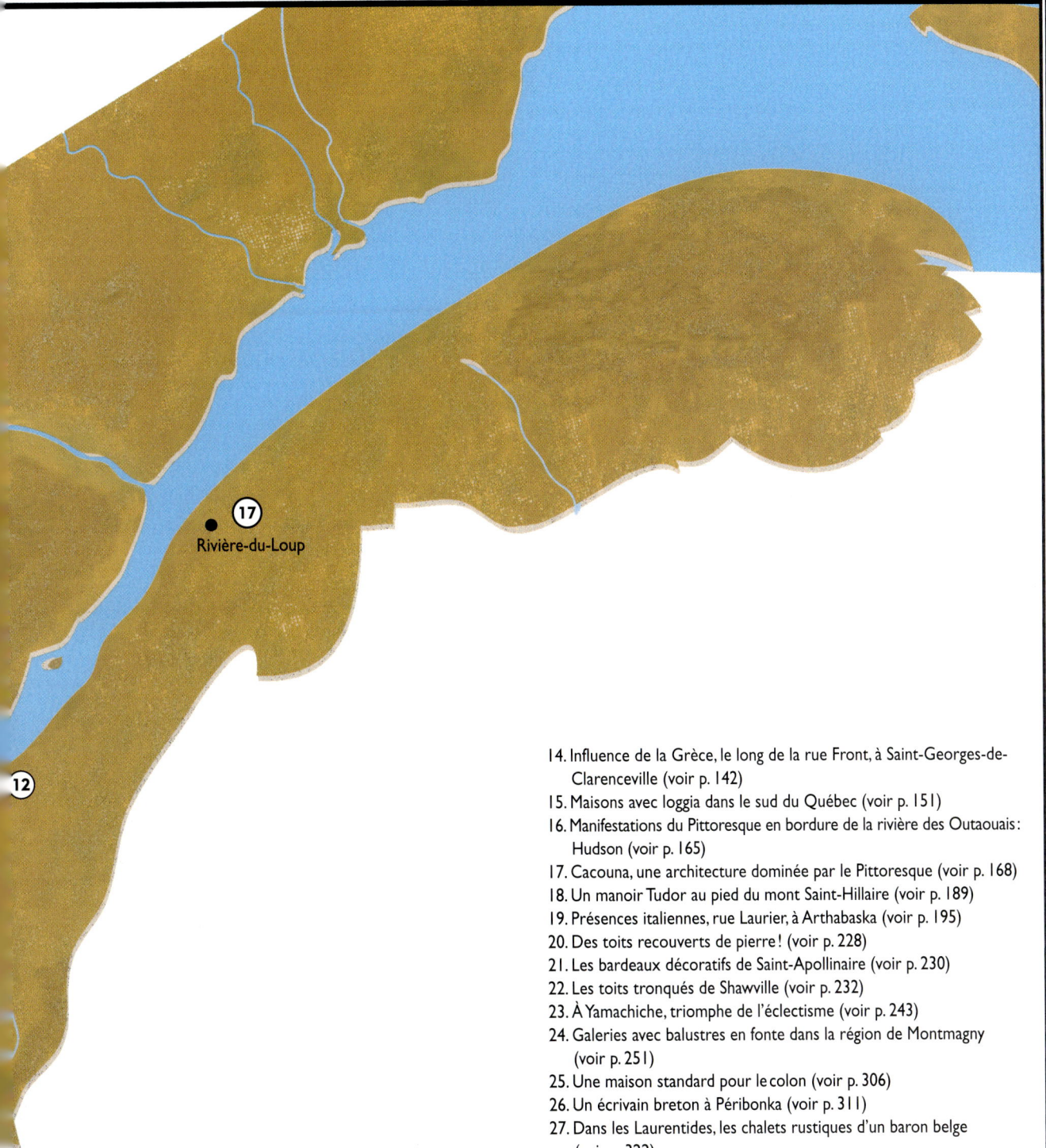

(17)
Rivière-du-Loup

(12)

ÉTATS-UNIS

LES GRANDES TRADITIONS
À L'ORIGINE DES FORMES

D'où viennent les formes des maisons ? Il n'est pas toujours simple de répondre à cette question. Dans l'histoire de l'architecture populaire au Québec, on distingue trois grandes périodes. Chacune d'entre elles se caractérise par une tradition culturelle et un processus de transmission des connaissances sur les bâtiments qui lui sont propres.

Au cours de la première période, soit aux XVIIe et XVIIIe siècles, la tradition française de construire prévaut.

Dans la deuxième période, qui couvre la fin du XVIIIe siècle et la première moitié du XIXe siècle, la tradition britannique vient influencer et modifier sensiblement la tradition française en vigueur jusque-là. À partir du milieu du XIXe siècle, les influences extérieures ne sont plus que britanniques, mais aussi américaines. Dans un contexte marqué par le développement de la mécanisation et la prolifération des moulins à scie, la standardisation des modèles architecturaux et leur répétition sur une base industrielle constituent un phénomène nouveau appelé à prendre de l'expansion.

Une nouvelle ère s'instaure, celle du catalogue, où tout s'achète, plans et matériaux inclus, en fonction de goûts et de normes essentiellement nord-américains.

Aux origines, la tradition française de construire

Quand on parle de tradition, en architecture, on se réfère à la fois aux règles et aux coutumes de construire ainsi qu'aux besoins personnels exprimés verbalement par un client ou sous la forme d'un marché de construction, soit un contrat écrit qui définit les travaux à faire. La tradition de construire est d'abord française, il va sans dire. S'appuyant sur des siècles d'habitudes transmises d'un individu à l'autre, elle englobe le choix des matériaux, l'assemblage, la forme générale et la hiérarchie des éléments. L'individu qui fait appel aux hommes de métier pour se faire construire une maison a une idée très précise du résultat final, et ses besoins personnels sont pris en compte dans le cadre même de la tradition.

Les marchés de construction des XVIIe et XVIIIe siècles renferment habituellement cette mention révélatrice selon laquelle les travaux seront réalisés « dans les règles de l'art », c'est-à-dire dans le respect de la tradition de construire de l'époque. L'emploi de cette expression permet d'éviter beaucoup de précisions inutiles. Il ne s'agit pas uniquement d'une relation de confiance entre les parties, mais d'une évidence, les modèles se perpétuant selon les techniques et les coutumes françaises de construire, notamment celle de Paris.

Les maisons Joseph-Soulard et Loriot-Soulard II, très rapprochées l'une de l'autre, ont été érigées à 40 ans d'intervalle. Construites par les Loriot, elles présentent des formes et des caractéristiques architecturales identiques. C'est l'illustration de la persistance du modèle traditionnel au XVIIIᵉ siècle.

Issus d'une famille du Limousin en France, les Loriot arrivent en Nouvelle-France à la fin du XVIIᵉ siècle. Ils pratiquent le métier de maçons de génération en génération, notamment à Québec où ils collaborent à la construction de la cathédrale de Québec et de la maison de Louis Jolliet. À Neuville, ils ont construit plusieurs maisons, dont la maison Joseph-Soulard, érigée entre 1759 et 1767, et classée monument historique en 1976, ainsi que la maison Naud (voir p. 43).

Il n'est pas rare de trouver dans un marché de construction la mention d'une maison servant de modèle. Le mimétisme, l'une des courroies de transmission des modèles architecturaux, agit dans le cercle des familles, des voisins et des connaissances locales. Certaines caractéristiques architecturales sont concentrées dans une même région, signe d'une mode locale appuyée évidemment par les connaissances techniques ou la dextérité particulière d'artisans locaux. Cette mode ne se transmettra pas nécessairement ailleurs, le processus même, artisanal, ne pouvant par définition se multiplier.

Se manifeste ensuite la tradition britannique

Au contraire des deux siècles précédents, le XIXᵉ siècle a l'occasion de se mesurer à de nouvelles modes. Une attitude déjà connue, celle du retour vers le passé comme source d'inspiration, prend à cette époque une ampleur sans précédent. L'Antiquité classique, qu'elle soit grecque ou romaine, jusque-là source d'inspiration quasi exclusive, ne suffit plus. On se tourne désormais vers la Renaissance et le Moyen Âge. Ces nouvelles sources d'inspiration donnent naissance aux styles romantiques qui seront diffusés par les architectes à l'origine de leur conception et par les

Quelquefois, les marchés de construction sont accompagnés de croquis ou dessins sommaires illustrant la totalité ou une partie de la maison à construire. Ce dessin du début du XIXe siècle accompagne un marché de construction. Le dessin, quoique malhabile, montre bien les préoccupations de son auteur : symétrie d'ensemble, porte comprenant une imposte vitrée et des baies latérales et, surtout, des avant-toits prononcés qui se prolongent au-dessus d'une galerie. C'est en fait une représentation naïve du cottage Regency.

traités d'architecture. C'est ainsi qu'apparaissent les formes gothiques, italiennes et Queen Anne, toutes réinterprétées à travers le prisme de l'architecture britannique. De nouvelles formes de maisons sont proposées, et la présence en sol québécois d'ingénieurs britanniques amène l'introduction de techniques de construction novatrices.

De nouvelles connaissances esthétiques et techniques sont lentement intégrées aux anciennes, modifiant peu à peu la tradition française de construire. On s'en rend compte en lisant les marchés de construction de l'époque, qui comportent bien souvent une partie énonçant les clauses générales, le contrat lui-même, et une partie descriptive, le devis, où figurent les spécifications détaillées relatives aux travaux de maçonnerie, de menuiserie, de charpenterie, de serrurerie et autres. De nouveaux modèles architecturaux surgissent, inspirés des dessins et des plans présentés dans les traités d'architecture ou carrément copiés sur ceux-ci.

Finalement, l'américanité l'emporte

À partir de la seconde moitié du XIXe siècle, on note la disparition graduelle des marchés ou des devis attachés au contrat et, parallèlement, la prolifération de catalogues illustrés de modèles. Ces catalogues sont, généralement, américains.

D'autre part, des moulins à scie actionnés par l'eau ou par la vapeur apparaissent peu à peu sur le territoire québécois à cette époque. Une sorte de logique industrielle s'installe, fondée sur l'uniformisation des procédés de construction et la standardisation des matériaux (2 po x 4 po, planche horizontale moulurée de 4 pouces, etc.). Le marché propose d'abord des matériaux préusinés, par exemple les colombages et les planches, puis des fenêtres, choisies à l'unité, et enfin des éléments décoratifs tels que des porches, des frontons, des colonnes et des balustres, également vendus au détail. On pousse bientôt cette logique plus loin, et on en vient à vendre la maison au complet sur la base de modèles dont les matériaux sont précoupés. Le client choisit ainsi l'allure de sa maison, le style et les dimensions qui lui conviennent, et il n'a plus qu'à attendre qu'on lui livre sa demeure par train. L'aboutissement logique de cette production de masse apparaît évident au début du XXe siècle lorsque Sears Roebuck, puis Eaton se lancent dans la vente de maisons par catalogue, accompagné d'un bon de commande et d'un certificat de garantie. On imagine facilement les répercussions d'un tel phénomène… Les effets de la standardisation dépassent le procédé de vente lui-même et fournissent à tous les entrepreneurs et constructeurs locaux la possibilité de copier à leur tour ces modèles et de les offrir à leurs clients. Nous voici à l'aube du XXe siècle et des plans standardisés de maisons, conçus en symbiose avec nos voisins du Sud.

LES PÉRIODIQUES, MOYEN DE DIFFUSION PAR EXCELLENCE

À partir du tournant du XIXᵉ siècle, les périodiques annoncent des catalogues et livres de plans gratuits ainsi qu'une foule de produits manufacturés en relation avec la maison : accessoires divers, plomberie, systèmes de chauffage, matériaux de revêtement et nouveaux matériaux synthétiques. La conception des modèles de maisons pour la masse repose désormais entre les mains de grandes entreprises qui assurent la vente de leurs matériaux grâce à la promotion de modèles architecturaux attrayants et peu coûteux, aux formes assorties à tous les goûts.

1. Les catalogues et livres de plans sont annoncés dans les périodiques et expédiés gratuitement aux consommateurs.
2. Des modèles architecturaux de conception industrielle agrémentent une annonce de système de chauffage central à eau chaude.
3. La maison à toit à deux versants au plan en L revient souvent.
4. Le chalet en bois rond, aussi appelé bungalow
5. Le chalet d'été, version très modeste
6. Diffusion des idées Arts and Crafts par le biais de la revue *The Craftsman*, au début du XXᵉ siècle

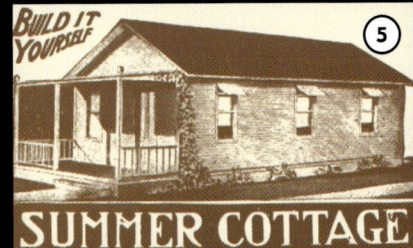

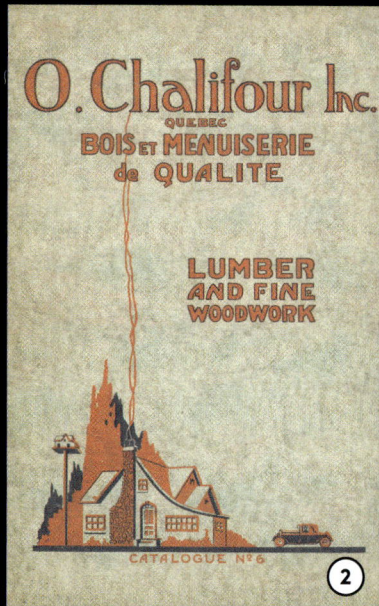

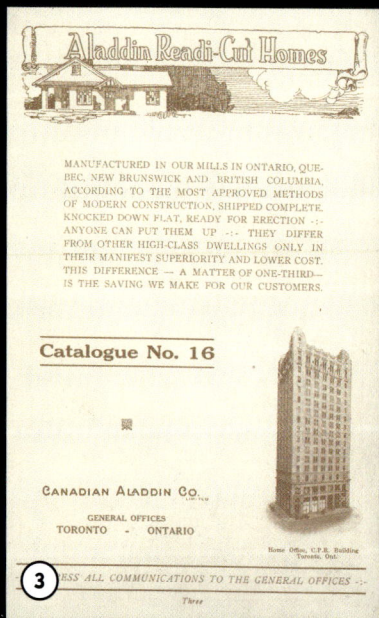

LES CATALOGUES
DE PLANS ET DE MATÉRIAUX

1. Au XIXe siècle, les nouvelles théories architecturales et les grandes modes esthétiques, issues de penseurs et d'architectes renommés, sont en quelque sorte traduites pour le grand public par un ensemble d'auteurs intéressés directement ou indirectement à la problématique de l'habitation. Il en résulte des petits manuels ou traités d'architecture domestique destinés aux classes intermédiaires de la société, désireuses de se construire des habitations qui se distinguent. Les modèles de maisons sont décrits, dessinés en trois dimensions et accompagnés de plans des divisions intérieures.
2. Le catalogue type d'une entreprise de Québec qui vend du bois au début du XXe siècle, le catalogue Chalifour
3. Le catalogue numéro 16, l'un des nombreux catalogues de l'entreprise américaine Aladdin
4. La filiale canadienne de la firme américaine Aladdin vend ses produits sur l'ensemble du territoire canadien.

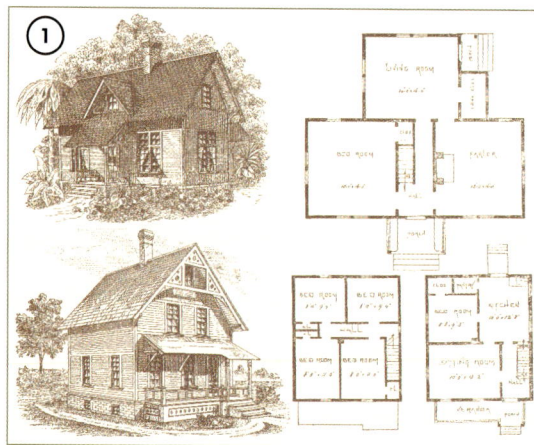

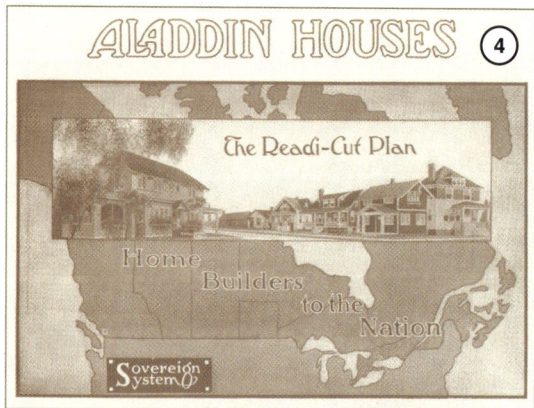

QUEL ÂGE A MA MAISON ?

Établir la date de construction d'une maison n'est pas une tâche facile. Beaucoup de professionnels spécialisés dans l'architecture, qu'ils soient historiens, historiens de l'architecture, ethnologues ou architectes, ont eu à surmonter, à un moment ou à un autre, les difficultés que soulève la datation d'un bâtiment. Souvent le processus s'étire, nous amenant à faire bien des détours qui entraînent parfois des moments de découragement. Il arrive même qu'on ne puisse qu'estimer approximativement la date de construction d'une maison. C'est d'ailleurs le cas dans la plupart des municipalités, où les registres d'évaluation portent une date approximative sans aucune valeur scientifique. Il en est de même de l'estimation des occupants : bien souvent, les dates subjectives qu'ils avancent en se fondant sur leurs souvenirs ou sur ceux de parents ou de grands-parents ne résistent pas au simple examen préliminaire.

Voici donc quelques techniques susceptibles de vous aider à déterminer la date de construction d'une maison.

Se fier à la tradition orale ?

Il ne s'agit pas de rejeter l'information qui nous vient de la tradition orale, mais plutôt de la considérer objectivement et de la soumettre, comme un bon détective le ferait, à l'examen de la vraisemblance. Avancer une date de construction est une chose, la justifier en est une autre. Il est toujours utile de soumettre une hypothèse à l'examen pour en vérifier la vraisemblance. Allez-y par recoupements et par déduction, et aidez-vous en reconstituant au besoin la généalogie et l'histoire de la famille. Vous aurez aussi intérêt à confronter les données dont vous disposez à la version d'un autre membre de la famille, idéalement une personne âgée. Évitez les propos rapportés et allez directement à la source ! Le mieux sera d'appuyer votre hypothèse sur des documents appartenant à la famille, par exemple des actes de vente ou des donations. En dernier lieu, vous aurez avantage à confronter les conclusions de votre enquête aux résultats obtenus par d'autres moyens.

La situation géographique comme indice

L'emplacement d'un bâtiment nous fournit généralement de bonnes indications sur l'époque à laquelle il a été construit. Dans les plaines du Saint-Laurent et du Richelieu, le premier rang au bord de l'eau regroupe les maisons les plus anciennes, le deuxième rang ne compte que quelques maisons très anciennes, et les rangs suivants rassemblent les maisons construites à la fin du XIXe siècle et dans la première moitié du XXe siècle.

Dans le premier rang, les maisons les plus anciennes sont souvent très proches de la route ou, au contraire, plus éloignées que la moyenne. La situation des bâtiments dépend aussi dans certains cas des principes inhérents à un style. Par exemple, certains styles ou courants prônent l'intégration au milieu naturel par des aménagements complexes et des coins de verdure ; c'est le cas des maisons rattachées au courant pittoresque ou au style néo-italien. De même, l'orientation inhabituelle d'une maison par rapport au chemin trahit souvent son âge avancé.

Le bâtiment parle de lui-même

Aux yeux d'un expert ou d'une personne rompue à la rénovation de vieilles maisons, la technique de construction d'un bâtiment révèle infailliblement son âge ou, à tout le moins, l'époque à laquelle il a été construit. Il faut bien sûr que le bâtiment en question n'ait pas subi trop de modifications. Les principaux éléments à vérifier sont les proportions générales, l'arrangement des ouvertures, le procédé de construction des murs, la charpente et les matériaux du solage. Ces cinq éléments nous permettront habituellement de déterminer un âge approximatif. Parfois, la chance fait en sorte que le bâtiment porte une inscription gravée dans la pierre qui indique l'année de sa construction ; même en pareil cas, la prudence reste de rigueur. Tout au long de cet ouvrage, le lecteur aura l'occasion de se familiariser avec les caractéristiques architecturales des maisons de différentes époques et d'aiguiser son regard sur les maisons anciennes…

Attention aux apparences !

Il faut, en effet, se méfier des apparences… Les modifications aux maisons ne sont pas l'apanage de notre époque, et beaucoup d'habitations anciennes ont fait l'objet de transformations après leur construction, et cela pour des motifs divers, incluant le confort et la mode.

À Neuville, des maisons en pierre du XVIIIe siècle ont vu, pour des raisons de commodité, leur toit complètement disparaître dans la seconde moitié du XIXe siècle au profit d'un nouveau toit brisé (ou toit à la Mansart).

Bien des maisons voient les pourtours de leurs ouvertures hériter de nouveaux chambranles correspondant au goût des époques subséquentes. On a ainsi parfois la surprise de constater qu'une maison ornée de chambranles victoriens compte une centaine d'années de plus que ce que suggère son apparence générale. Il en est de même des galeries, qui s'accrochent souvent à des maisons construites bien avant cet ajout.

Et pourquoi pas le style ?

En présence d'un style affirmé, on a habituellement une bonne idée de la période de construction d'une maison. Mais là encore, il faut faire attention aux pièges ! Au début du XXe siècle, un renouveau des styles anciens a entraîné l'apparition dans le paysage de maisons reproduisant des modèles antérieurs… La lecture de cet ouvrage fournira des indications pratiques à cet égard.

Les archives, sûres mais pas faciles à interpréter

La façon la plus sûre de dater un bâtiment consiste à suivre la piste de ses propriétaires successifs dans les documents d'archives pour remonter jusqu'au premier, qui par chance aura peut-être signé un marché de construction… Il faut savoir que ce processus est souvent laborieux. Il demande du temps et de la persévérance.

La première étape consiste à retracer le numéro de cadastre et le nom du dernier propriétaire, à se rendre au bureau d'enregistrement concerné et à remonter la chaîne des titres de propriété. Cette démarche mène habituellement au début de la seconde moitié du XIXe siècle, au moment de la mise en place des bureaux d'enregistrement. Si le bâtiment est plus vieux, il faut remonter patiemment les décennies antérieures en consultant systématiquement différents outils, tels les index de nom, les recensements « terriers » seigneuriaux et les répertoires de greffes de notaires.

Si ces démarches vous ont permis de trouver le document que vous recherchiez, comment vous assurer que c'est le bon ? Comparez les quelques indices descriptifs qu'il renferme avec le bâtiment lui-même. L'examen est-il suffisamment concluant ? Analysez les données avec circonspection et tirez vos conclusions, quitte à les confronter avec les données fournies par une autre source.

Le long du Saint-laurent, le peuplement des campagnes et la construction des maisons se font en plusieurs séquences. Quelques maisons villageoises du XVIIIe siècle parsèment un long filament, habituellement le rang, et forment un petit renflement, le village, généralement situé autour de l'église. Ce tissu plutôt lâche se densifie à partir du début du XIXe siècle. Les maisons villageoises deviennent plus nombreuses et ont tendance à former des alignements plus réguliers. Il arrive que de petites rues transversales étoffent le noyau villageois. Quand cet ensemble a pris du corps, les rangs suivants avaient déjà commencé à recevoir le trop-plein de résidences. Ainsi, le deuxième rang comportera surtout des maisons du XIXe siècle, alors qu'un troisième rang présentera surtout des modèles architecturaux de la fin du XIXe siècle et du début du XXe siècle. (Photo de Beauport prise en 1937, tirée de la collection W.B. Edwards)

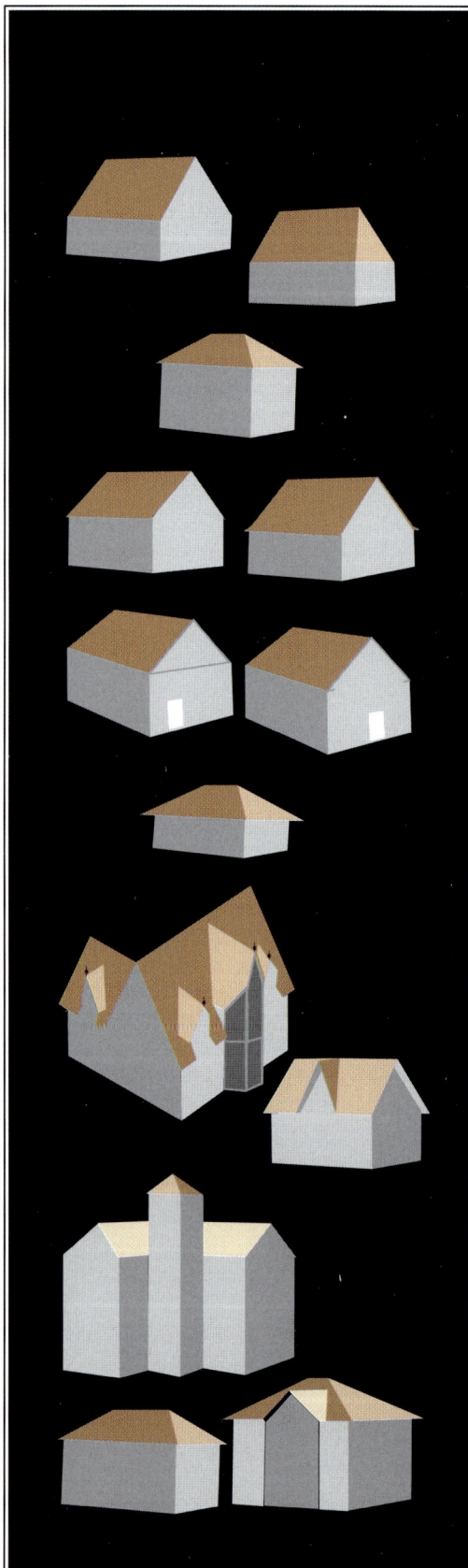

SITUATION DES STYLES ET
DES COURANTS À TRAVERS LES SIÈCLES

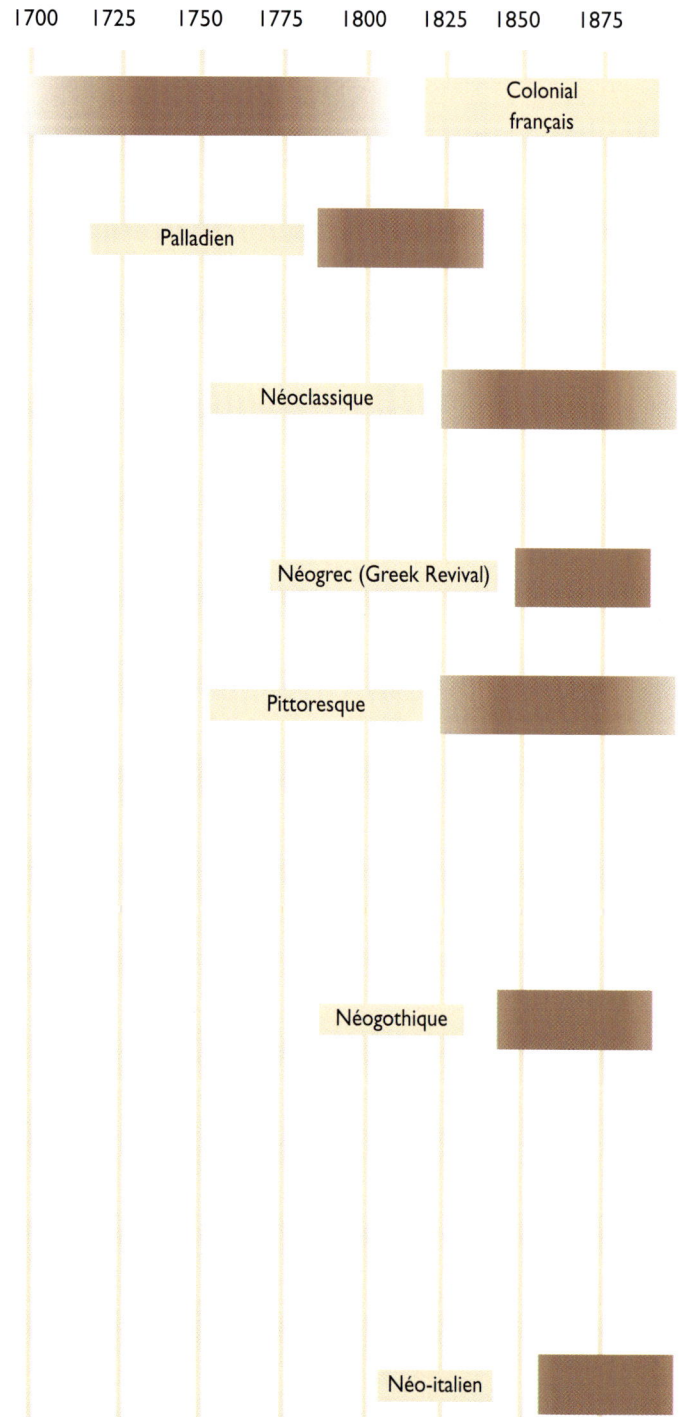

1700	1725	1750	1775	1800	1825	1850	1875

Colonial français

Palladien

Néoclassique

Néogrec (Greek Revival)

Pittoresque

Néogothique

Néo-italien

	1800	1825	1850	1875	1900	1925	1950

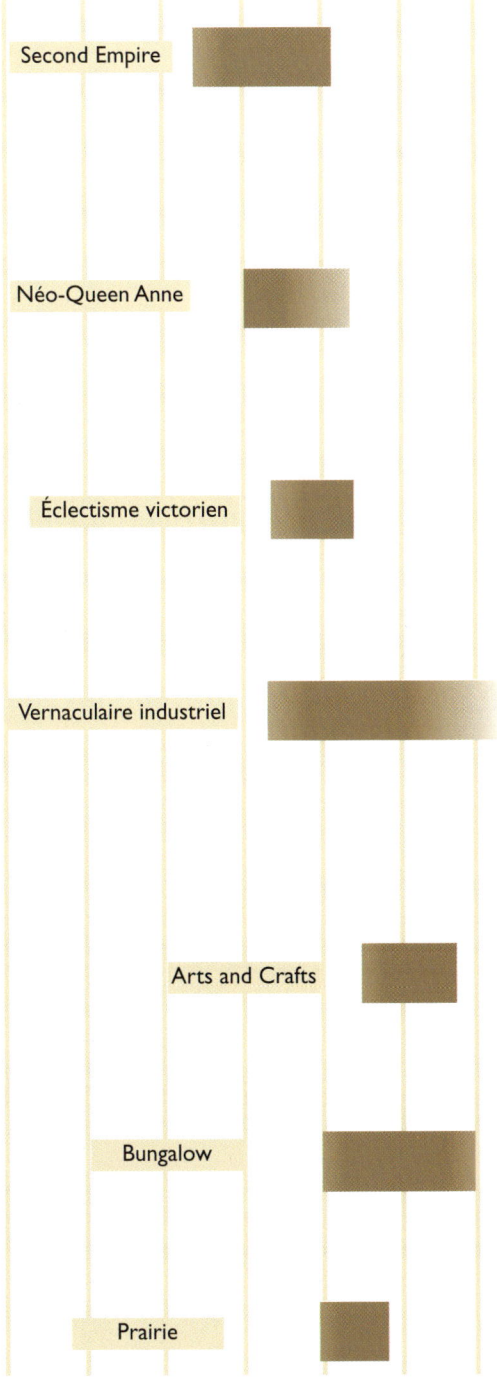

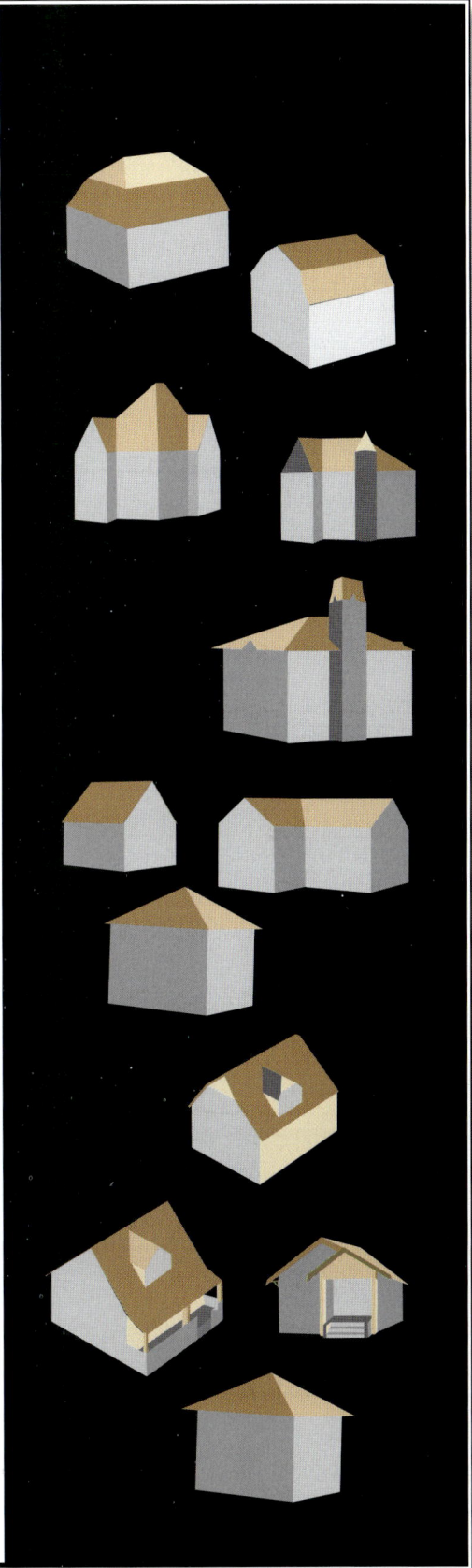

Second Empire

Néo-Queen Anne

Éclectisme victorien

Vernaculaire industriel

Arts and Crafts

Bungalow

Prairie

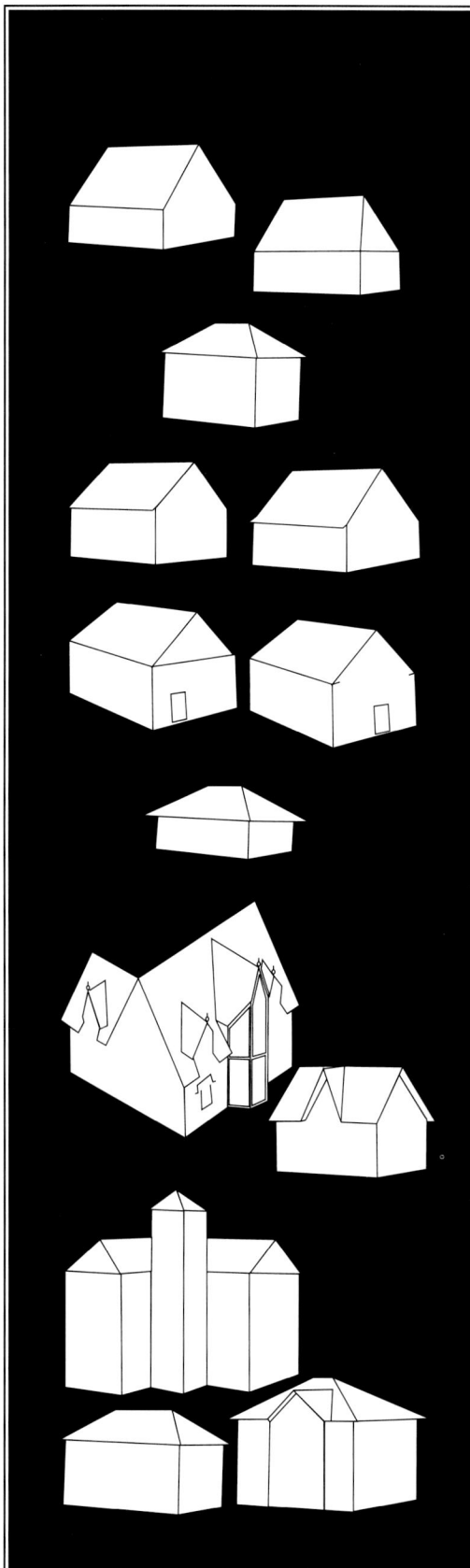

TROUVER LE STYLE OU LE COURANT PAR LA FORME GÉNÉRALE ET LE TOIT

Clé d'identification rapide

COLONIAL FRANÇAIS (voir p. 27)
Des maisons plutôt basses aux toits à deux versants plutôt aigus. Versants de toit droits ou comportant un égout. Ouvertures en façade généralement asymétriques.

PALLADIEN (voir p. 84)
Un gros rectangle habituellement à deux étages coiffé d'un toit à quatre versants de pente moyenne. Symétrie des ouvertures.

NÉOCLASSIQUE (voir p. 90)
Des maisons à toits à deux versants de pente moyenne. Versants de toit droits ou comportant un avant-toit recourbé. Symétrie des ouvertures en façade (trois, cinq ou sept). La « maison québécoise » ou la maison classique anglaise.

NÉOGREC (Greek Revival) (voir p. 136)
Des maisons à toits à deux versants et façade localisée sur le mur-pignon. Versants de toit droits comportant souvent un petit retour de corniche.

PITTORESQUE (voir p. 152)
Des maisons à toits à quatre versants, de plan rectangulaire ou carré, généralement de style néoclassique, comportant un avant-toit prononcé. Le modèle à quatre versants à un étage, appelé aussi cottage Regency, est celui que l'on rencontre le plus souvent. Mais aussi des maisons des quatre styles romantiques suivants.

NÉOGOTHIQUE (voir p. 180)
Des maisons à toits à deux versants droits comportant une grande lucarne-pignon en façéade et des maisons à plan en L.

NÉO-ITALIEN (voir p. 190)
Un plan irrégulier dominé par une tour carrée, un grand volume rectangulaire allongé ou volume cubique à deux étages, coiffé d'un toit à quatre versants. Présence de grosses consoles sous les corniches.

SECOND EMPIRE (voir p. 202)
Des maisons à un ou deux étages coiffées d'un toit brisé comportant un brisis et un terrasson.

NÉO-QUEEN ANNE (voir p. 216)
Une maison au plan irrégulier, le plus souvent à deux étages et demi, caractérisée notamment par des pignons, des frontons triangulaires, des imitations de pan-de-bois, des bardeaux décoratifs, etc.

ÉCLECTISME VICTORIEN (voir p. 234)
Des volumes divers à toit à deux versants, en pavillon ou brisé, qui allient l'influence de plusieurs styles.

VERNACULAIRE INDUSTRIEL (voir p. 270)
Des volumes divers à toit à deux versants ou en pavillon, avec ou sans décoration. (Voir la figure p. 272-273 pour de plus amples modèles.)

ARTS AND CRAFTS (voir p. 312)
Des maisons à toit à deux versants peu accentués, avec ou sans demi-croupes. On y voit souvent des lucarnes rampantes. Extrémité des chevrons de toit visibles. Fenêtres jumelées.

BUNGALOW (voir p. 328)
Des maisons de formes diverses, généralement à un étage et demi, comportant des galeries dont le garde-corps est souvent fermé. Le toit déborde habituellement au-dessus de la galerie et abrite un espace ouvert donnant accès à la porte d'entrée.

PRAIRIE (voir p. 342)
Des volumes cubiques à deux étages coiffés d'un toit en pavillon largement débordant, habituellement sans ornementation et le Four Square américain d'influence Prairie.

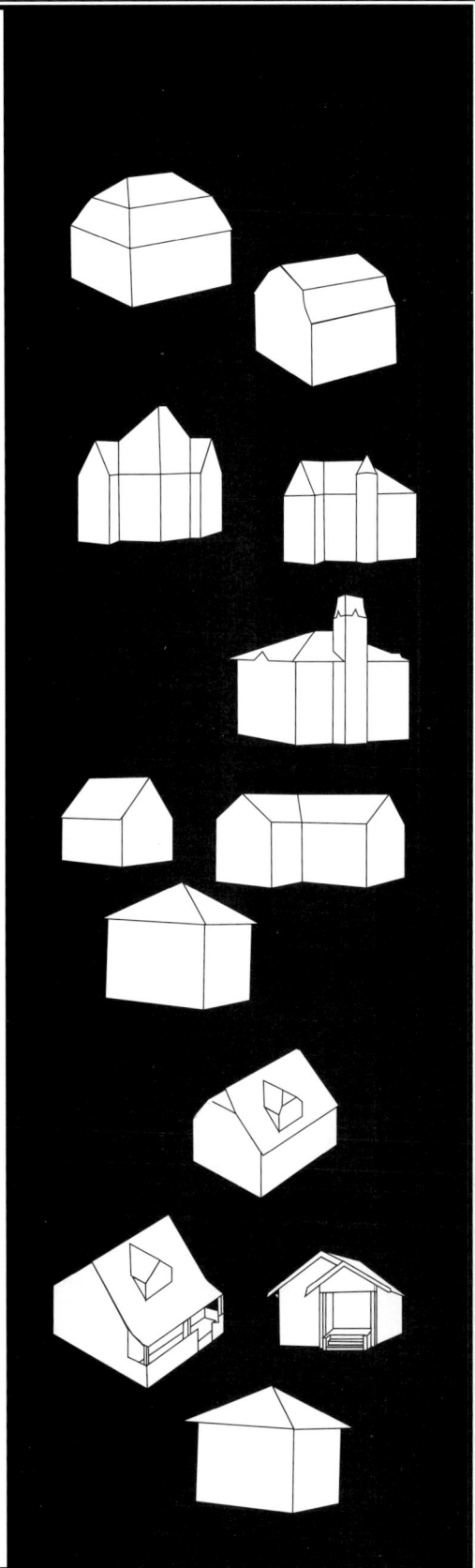

Je me souviens la France…

Le style colonial français aux XVIIe et XVIIIe siècles et le classicisme provincial

*L*es plus anciennes maisons du Québec remontent à l'époque française, période pendant laquelle la population de la vallée du Saint-Laurent est rattachée à la France à titre de colonie française d'Amérique du Nord. La présence de cette population amène évidemment la construction d'habitations sur la côte Atlantique actuelle du Canada, dans la vallée du Saint-Laurent et dans une partie des États-Unis actuels. Près de 9000 colons français traversent l'Atlantique avant 1760. Ils viennent de toutes les régions de la France, mais particulièrement de la Normandie, de l'Île-de-France, du Perche et de la région de La Rochelle (Poitou, Aunis, Saintonge et Angoumois). Sur le territoire du Québec actuel, ces premiers colons et leurs descendants se concentrent dans la vallée du Saint-Laurent.

En 1767, soit immédiatement après la Conquête, 12 230 habitations parsèment la vallée du Saint-Laurent. Si l'on retranche de ce nombre les 1400 demeures de Montréal et les 900 demeures de Québec, il reste environ 9930 maisons en milieu rural. La Nouvelle-France est une sorte de province française où les colons apportent leurs techniques et leur savoir-faire. Comme dans la mère patrie, deux grands courants y coexistent : la tradition médiévale, représentée principalement par des maisons à pan-de-bois comme on en trouve notamment en Normandie, et la tradition classique, qui assure sa suprématie à compter du XVIIIe siècle.

Les constructions résidentielles de ces premiers colons relèvent principalement de la petite architecture rurale ou villageoise. Elles ne retiennent du classicisme français que les principes généraux. La construction des maisons se fonde sur le savoir populaire, qui a assimilé la mise en ordre des éléments constitutifs et l'harmonie de l'ensemble. Le modèle traditionnel existant est accepté de tous sans que l'on remette en cause les acquis. Les auteurs, de simples artisans, maçons et entrepreneurs, répètent des formes simples d'usage commun. Le marché de construction fixe les paramètres généraux de la maison, comme ses dimensions et les matériaux utilisés, et donne parfois l'exemple d'une maison locale. On met occasionnellement la main sur des devis plus détaillés.

Les premiers colons français en Nouvelle-France au XVIIᵉ siècle arrivent de la côte Atlantique principalement et proviennent notamment de la Normandie. Ici, le village de Saint-Céneri-le-Gérei, près d'Alençon, avec ses maisons construites en moellons et coiffées de leurs toits pentus.

LA CHARPENTE TYPE DU XVIIᵉ SIÈCLE

Le modèle de charpente retrouvé dans les maisons rurales de la fin du XVIIIᵉ siècle dans la vallée du Saint-Laurent s'inscrit dans la tradition rurale française de construire des XVIIᵉ et XVIIIᵉ siècles. Son principe repose sur l'utilisation d'une ferme triangulaire formée de deux chevrons-arbalétriers, d'un poinçon et d'un faux-entrait. Le contreventement, ou maintien de l'écartement entre les fermes, est assuré par des esseliers et des croix de Saint-André.

⤴ **Charpente type dans la région du Perche en France**

➡ **Charpente française du XVIIᵉ siècle dans la région de la Loire**

1. Chevron-arbalétrier
2. Poinçon
3. Faux-entrait
4. Jambe de force
5. Coyau

⤵ **Charpente du XVIIIᵉ siècle dans la vallée du Saint-Laurent**

1. Chevron-arbalétrier
2. Poinçon
3. Faux-entrait
4. Jambe de force
5. Faîtage
6. Sous-faîtage
7. Croix de Saint-André

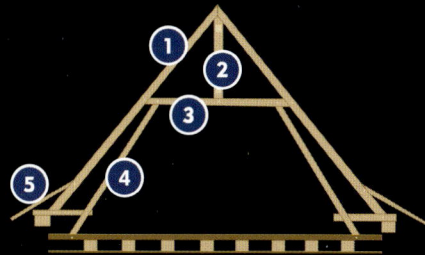

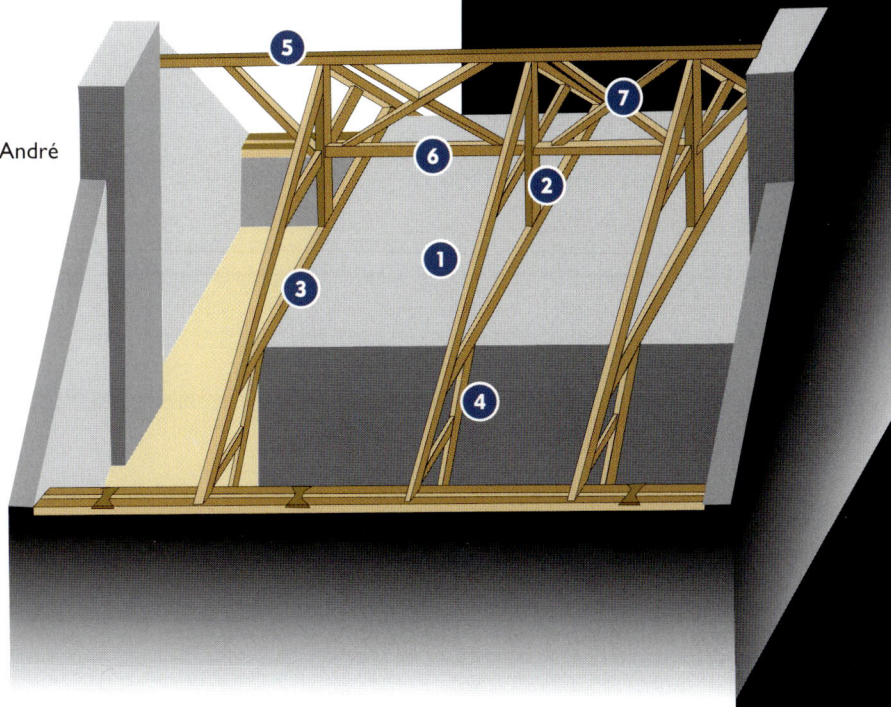

CHARPENTERIE DES MURS

1. Murs de pièces verticales ou poteaux debout
2. Mur de colombage pierroté à Louisbourg, Nouvelle-Écosse
3. Il est intéressant de noter la présence, sur le mur-pignon, du larmier, aussi appelé anciennement renvoi d'eau, destiné à éloigner l'égouttement pluvial du nu du mur
4. Mur de colombage avec remplissage de brique, en France
5. Mur de pièces recouvert d'un treillis de branches à leur tour recouvertes d'un enduit, à Sainte-Scholastique
6. Mur de pièces assemblées à coulisse
7. Mur de colombage pierroté dans la maison Lamontagne, à Rimouski-Est
8. Mur de colombage avec remplissage de torchis, Crèvecœur-en-Auge, France
9. Procédé de pieux en terre à Louisbourg, Nouvelle-Écosse
10. Murs de pièces assemblées à queue d'aronde

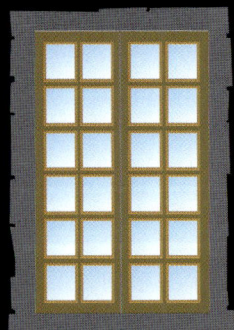

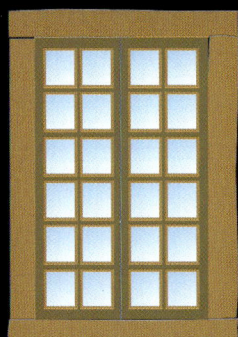

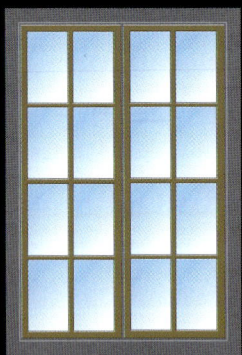

DES TRAITS DISTINCTIFS

Même si elles sont encore nombreuses sur le territoire québécois, les maisons coloniales françaises sont souvent difficiles à identifier, car elles ont notamment perdu leurs traits distinctifs à la suite de rénovations. Parmi ces traits distinctifs souvent perdus, notons la forme des fenêtres et de l'avant-toit.

Les fenêtres

À l'origine, les fenêtres à deux battants comportaient des petits carreaux. Une petite fenêtre sur le mur arrière est souvent révélatrice d'une maison très ancienne.

Le bas des versants de toit

Le bas des versants se termine droit (à gauche) ou par un égout (à droite), causé par la présence du coyau, une petite pièce de bois déposée à l'extrémité du chevron-arbalétrier. De nos jours, cette partie de la maison est souvent dissimulée.

1. Chevron-arbalétrier
2. Coyau
3. Mur

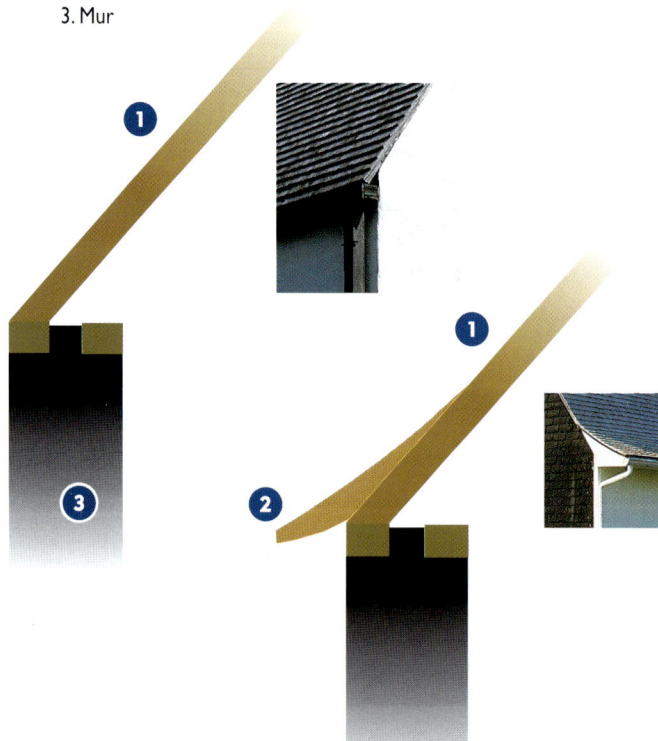

BAIES

MURS DE PIERRE SÉDIMENTAIRE ET DE ROCHE IGNÉE

La pierre des murs est généralement d'origine sédimentaire ou ignée. La pierre sédimentaire courante, le calcaire (diverses formations géologiques dont le Trenton et le Chazy), se distingue notamment par sa couleur. On trouve généralement les pierres d'origine ignée sous forme de pierres des champs qui ont été transportées et modelées par les glaciers. On trouve aussi souvent du granit.

1. Maçonnerie de pierres d'origine ignée, incluant du granit et du grès. Dans ces murs, on peut aussi trouver quelques pierres sédimentaires dispersées çà et là.
2. Calcaire gris bleu
3. Calcaire gris de Neuville
4. Maçonnerie de pierres d'origine ignée
5. Calcaire gris de Château-Richer

MAÇONNERIE

LE CALCAIRE…
DANS TOUS SES ÉTATS

On retrouve dans les maisons en pierre de la seconde moitié du XVIIIe siècle et au XIXe siècle divers matériaux dont le calcaire de Trenton, partout présent. Les moellons de calcaire bruts sont montés en vrac. Quand ils sont grossièrement ébauchés ou équarris, ils peuvent être disposés simplement en assises ou appareillés.

1. Calcaire sous forme de moellons irréguliers
2. Calcaire sous forme de moellons grossièrement équarris sans appareillage, mais montés en assises
3. Calcaire sous forme de moellons équarris avec appareillage irrégulier, à Neuville
4. Calcaire de Trenton fossilisé
5. Calcaire sous forme de moellons équarris avec appareillage régulier (les joints sont centrés)
6. Calcaire sous forme de pierre de taille avec surface piquée
7. Maison au mur avant en moellons équarris et mur latéral en pierres des champs

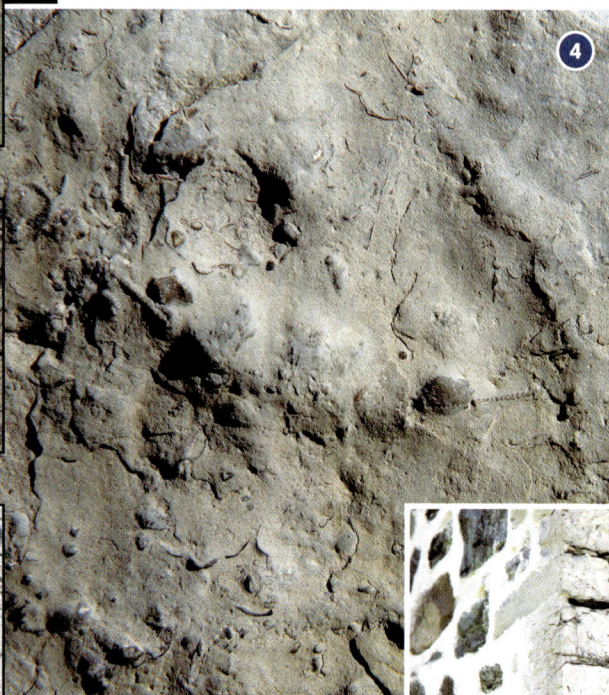

MAÇONNERIE

36

LE CALCAIRE SE PRÊTE À LA TAILLE

Le calcaire se prête bien à la taille, mais encore faut-il qu'on ait les moyens de se payer un tailleur de pierre… Ce luxe s'applique habituellement aux jambages et aux corniches de porte de même qu'aux encadrements de fenêtres.

1. Les outils du tailleur de pierre
2. Un encadrement de fenêtre en pierre taillée, à Cap-Santé
3. Une niche, sculptée dans la pierre, abrite une statuette, à Neuville.
4. Un jambage de porte taillé, à Cap-Santé

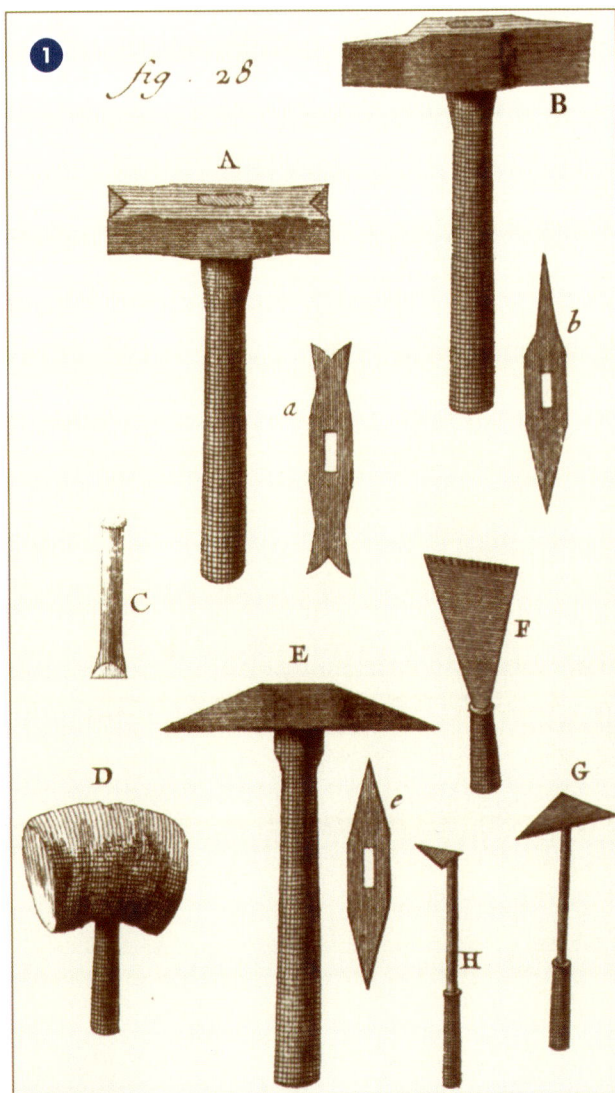

LA MAISON DU XVIIe SIÈCLE

La maison française est une habitation de « pays ». Il suffit de parcourir la France pour constater à quel point chaque région, et souvent des territoires précis à l'intérieur de ces régions, possède son habitat propre, déterminé par le type de subsistance, les cultures qui y sont pratiquées, les matériaux locaux et, dans une moindre mesure, le relief. La maison est donc un véritable produit du milieu.

Lorsque les premiers colons français s'installent dans la vallée du Saint-Laurent, au début du XVIIe siècle, on imagine qu'ils s'adaptent à ce nouveau milieu comme s'il s'agissait d'une autre province de France. Leur savoir-faire se mesure à un nouveau milieu naturel, comportant ses caractères physiques propres et ses ressources locales.

Bien que l'on construise parfois les maisons en pierre, nous savons par diverses sources que les plus répandues dans la vallée du Saint-Laurent à cette époque sont des constructions de bois à un étage surmontées d'un toit à deux versants recouvert de chaume, de planches ou de bardeau. Les murs sont en pièces ou en rondins (pieu) disposés horizontalement ou verticalement, et généralement assemblés à coulisse ou à queue d'aronde. Dans certains cas, les pièces verticales sont espacées, et les vides remplis de brique, de pierre ou de torchis, comme à l'époque gothique.

Cette dernière technique, largement utilisée en France, notamment en Normandie et en Bresse, est abandonnée assez rapidement. Il s'agit sans doute là d'une première adaptation aux rigueurs du climat et au gel, d'autant plus que les ressources forestières sont abondantes, ce qui rend facile la construction de maisons tout en bois. À Rimouski-Est, la maison Lamontagne, construite à la fin du XVIIIe siècle, fournit un rare exemple de ce procédé. De la même façon, on abandonne le chaume pour le recouvrement des toits, sans doute aussi pour des raisons climatiques.

Quelques décennies suffisent donc à modifier les façons de construire des premiers colons français et à imposer des procédés s'adaptant mieux aux conditions du nouveau milieu de vie.

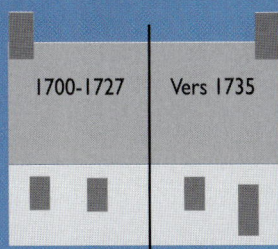

Il reste peu de maisons du XVIIe siècle ou même du début du XVIIIe sur le territoire québécois. L'exemple de la maison Girardin à Beauport, que l'on peut voir ici, demeure exceptionnel. Même si elle a été construite au début du XVIIIe siècle, elle illustre bien la maison type en pierre du XVIIe siècle, dont elle conserve les caractères. À la partie de droite, érigée entre 1700 et 1727, le propriétaire a ajouté la partie de gauche vers 1735. On reconnaît ici l'essentiel des caractéristiques de la maison coloniale française — versants pentus, carré bas, fenestration minimale et grosses souches de cheminées, dont l'une est désaxée par rapport au faîte — comme on en trouve dans le Perche, en France.

1. Fenêtres à battants avec petits carreaux
2. Exhaussement hors sol très faible
3. Maçonnerie de moellons
4. Petite fenêtre d'aération pour le grenier
5. Souche de cheminée désaxée par rapport au faîte du toit
6. Toit pentu
7. Versants droits (sans retroussement à la base)

La répartition des ouvertures sur la façade trahit, dans plusieurs maisons de l'île d'Orléans, la présence d'un agrandissement, comme en témoigne l'exemple ici. L'agrandissement correspond aux deux premières fenêtres, et le corps initial correspond à la porte et aux deux fenêtres suivantes. À partir du corps initial que l'on voit sur cet exemple, on peut imaginer à quoi pouvait ressembler une petite maison en bois de la fin du XVIIe siècle.

Comment la reconnaître ?

Les maisons de pierre érigées à la fin du XVIIe siècle et même au début du siècle suivant sont peu nombreuses aujourd'hui. Par ailleurs, il n'est pas facile d'identifier les modèles originaux qui ont défié le temps, car ils ont été largement modifiés au gré des modes architecturales subséquentes et des besoins changeants de leurs propriétaires successifs. On peut donc difficilement en décrire les caractères distinctifs. On pense toutefois qu'il s'agit de carrés à peu près identiques à ceux du milieu du XVIIIe siècle que l'on peut voir encore aujourd'hui. Les principales différences sont les dimensions, souvent plus réduites, et les ouvertures, plus petites et moins nombreuses. Quant aux maisons de bois, elles sont disparues.

L'intérêt pour l'architecture vernaculaire québécoise s'est d'abord manifesté dans les années 1910 et 1920 avec les premières études de l'école d'architecture de l'Université McGill. Puis cet intérêt s'est poursuivi au point de susciter dans les années 1940 la promotion par le gouvernement du Québec de plans de maisons reprenant les modèles d'une « maison québécoise » considérée comme originale. De là naît la vogue des reconstitutions historiques dont on trouve des exemples disséminés sur le territoire québécois, principalement dans les banlieues.

LA MAISON DU XVIIIe SIÈCLE

Au XVIIIe siècle, la tradition française de construire se maintient et résiste à la Conquête. La majorité des maisons de pierre qui dressent toujours fièrement leur silhouette remontent à cette période, qui s'échelonne de 1750 à 1820 environ. Les maisons en bois, elles, datent généralement du début du XIXe siècle. Construites par des artisans mieux au fait des conditions climatiques et des particularités des pierres qu'offre le milieu, ces maisons adoptent une couleur locale tout en s'inscrivant dans la tradition française de construire. On peut avancer qu'il s'agit là de la maison d'un nouveau « pays », sans équivalent en France. Est-ce la première véritable maison québécoise ? Peut-être…

Comment la reconnaître ?

Cette maison de pierre ou de bois se présente sous la forme d'un rectangle plutôt bas surmonté d'un toit aux versants pentus. Elle ne comporte pas de cave, et son dégagement hors sol est faible. Les seuls éléments de décoration consistent habituellement en moulures garnissant le tour des portes et des fenêtres. L'utilisation de la pierre locale, qu'il s'agisse de pierre des champs ou de moellons d'origine sédimentaire, détermine l'apparence extérieure du bâtiment, à moins que la maçonnerie ne soit recouverte d'un enduit ou que les murs ne soient revêtus de planches verticales. Les fenêtres, petites et peu nombreuses, sont garnies de battants subdivisés en petits carreaux dont le nombre varie de six à douze. Les spécimens dont la façade arrière comporte moins de fenêtres ou des fenêtres plus petites, ou encore dont une seule de ces ouvertures est petite, sont les plus anciens. À l'avant, la façade compte généralement trois fenêtres, dont le nombre est réduit à une ou deux dans le cas de bâtiments de plus petite taille.

Une ou plusieurs souches de cheminée émergent de la toiture. Les grosses souches de cheminée centrale sont typiques de la région de Québec, alors que les imposantes cheminées doubles dans le prolongement des murs-pignons caractérisent plutôt la région de Montréal. Cette dernière se distingue aussi par le nombre de maisons individuelles dotées de murs coupe-feu, sans doute calquées sur les résidences concentrées dans le noyau urbain. Les souches de cheminée simple dans le prolongement du mur-pignon, dont on trouve des exemples un peu partout au Québec, sont centrées ou légèrement désaxées par rapport au faîtage, comme celles que l'on rencontre fréquemment dans le Perche, en France.

Dans certains modèles, le toit à deux versants se termine par des croupes aux extrémités. Le bas des versants forme habituellement un égout,

Maison rurale de Portneuf
SECONDE MOITIÉ DU XVIIIᵉ SIÈCLE

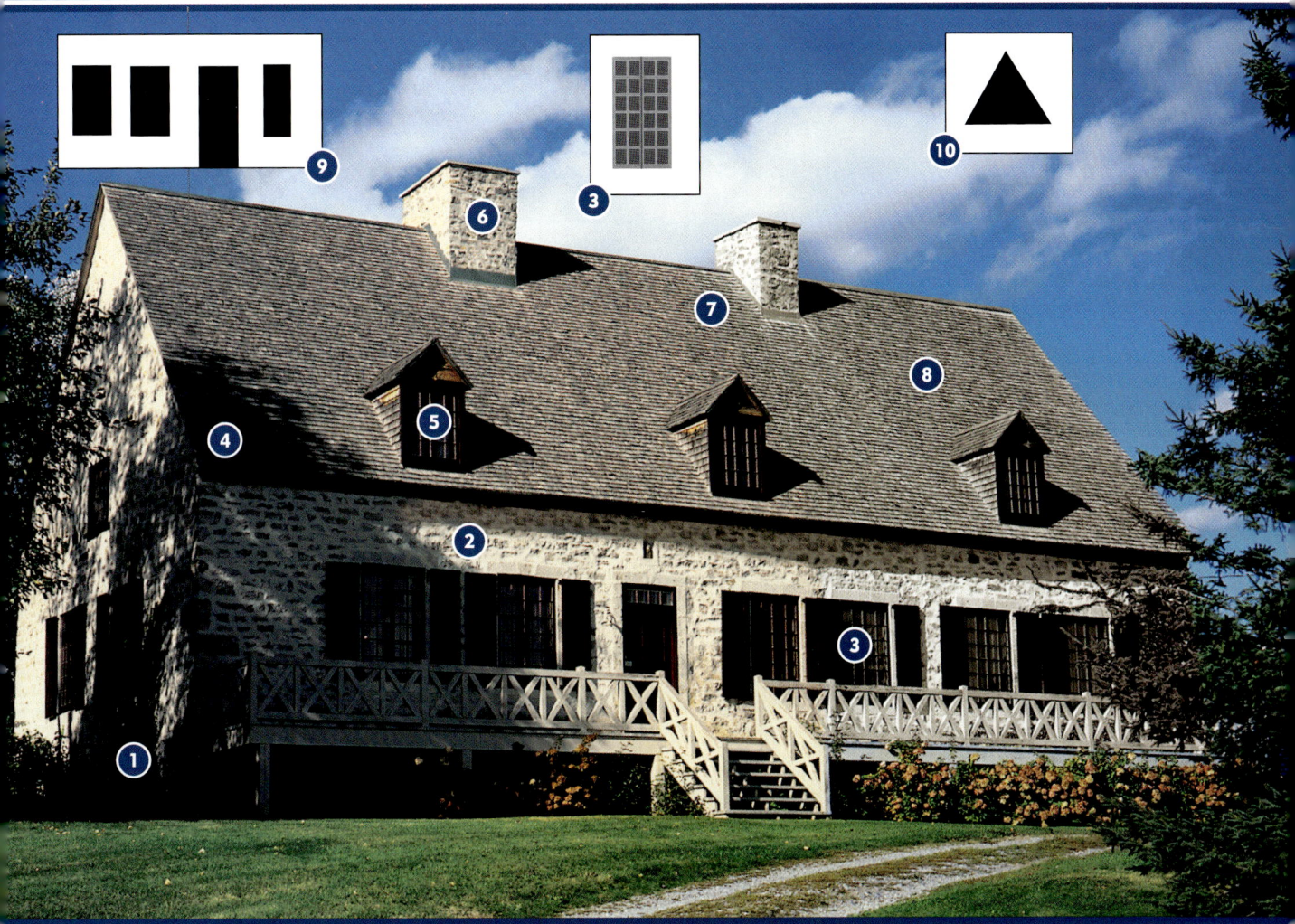

On retrouve dans la région de Portneuf, notamment à Saint-Augustin-de-Desmaures, Neuville et Cap-Santé, des maisons de pierre du milieu ou de la seconde moitié du XVIIIᵉ siècle, construites avec le calcaire gris de Trenton. Ce modèle colonial français possède deux versants pentus et un carré de moellon. La grosse cheminée carrée apparaît fréquemment au centre du toit (ici, elle est au centre du corps initial). L'exemple qu'on voit ici (la maison Lorraine Lemieux, anciennement Naud) illustre la façon habituelle d'augmenter la surface de ces maisons, soit un simple allongement du carré initial (partie en brun). La galerie en façade est un ajout.

1. Exhaussement hors sol très faible
2. Maçonnerie de moellons
3. Fenêtres à battants avec petits carreaux
4. Versants droits sans avant-toit
5. Petite lucarne à toit à deux versants
6. Grosse cheminée au centre du carré et du faîte
7. Recouvrement du toit en bardeau
8. Allonge au corps initial
9. Baies en façade (corps initial)
10. Toit aux versants pentus

43

sorte d'incurvation provoquée par l'application d'un coyau à l'extrémité des chevrons-arbalétriers de la charpente de toit. Il n'y a généralement pas d'avant-toit ; s'il y en a un, il s'agit d'un ajout postérieur. La plupart du temps, la charpente du toit est une structure complexe qui intègre des pannes faîtière et sous-faîtière ainsi que des fermes comprenant chevrons-arbalétriers et faux-entrait.

Ces habitations, les plus anciennes de notre patrimoine architectural, sont concentrées dans la plaine du Saint-Laurent. Les groupements les plus importants sont localisés dans les lieux d'établissement des premiers colons français, soit sur la Côte-de-Beaupré, à l'île d'Orléans, dans les régions de Portneuf, de Trois-Rivières, de Verchères, de Longueuil, de Laprairie, du Richelieu, de L'Assomption, de Terrebonne, de Deux-Montagnes, sur l'île Jésus et sur l'île de Montréal.

Les origines françaises de notre architecture

On a émis bon nombre d'hypothèses quant à la provenance régionale de nos anciennes maisons en pierre. Sont-elles davantage rattachées à une région de la France qu'à une autre ? Gérard Morisset, l'un des premiers à s'être intéressé à la maison rurale, affirmait en 1958, dans *La maison rurale,* que l'habitation de la région de Montréal affiche des traits caractéristiques de la maison bretonne, alors que celle de la région de Québec s'apparente davantage à la maison normande. Actuellement, le manque de données systématiques sur les maisons construites dans la vallée du Saint-Laurent au XVIIe siècle ne permet pas de confirmer cette hypothèse. De plus, il faudrait pouvoir disposer de données précises sur les types régionaux français de la même période pour établir la comparaison, ce qui n'est pas le cas.

Un examen des constructions rurales et villageoises en pierre de diverses régions de France, notamment dans la moitié atlantique, par exemple la Touraine, l'Anjou, le Maine, le Perche, la Normandie, la Picardie et l'Île-de-France, montre à la fois des constantes et des différences régionales. La structure de base demeure le rectangle, généralement d'un seul étage, coiffé du toit à deux versants, eux-mêmes supportés par la charpente traditionnelle comportant des fermes. Mais le type de culture pratiquée dans une région donnée, les matériaux locaux et, dans une moindre mesure, le relief déterminent les différences régionales.

En effet, la maison française est davantage une maison de « pays » qu'une maison de régions, et les pays sont extraordinairement petits ! Les sous-sols renferment des pierres dont l'origine, la dureté et la couleur varient d'un endroit à l'autre. Dans les régions où le sol argileux rend la pierre inexistante, on construit une ossature de bois, le colombage, et on remplit les espaces avec de la brique ou du torchis, un mélange d'argile

MODÈLES FRANÇAIS
EN PIERRE DU XVIIIᵉ SIÈCLE

La maison coloniale française du XVIIIᵉ siècle est conçue à partir d'un module de base, le rectangle. Les variations les plus significatives de la volumétrie générale sont attribuables aux changements en longueur de ce rectangle. Vient ensuite la pente du toit, déterminée par le rapport entre la largeur et la hauteur du rectangle. Le plan au sol des maisons de la région de Montréal a presque une forme carrée, alors que celui des maisons de la région de Québec se rapproche fréquemment de la forme rectangulaire. On rencontre habituellement un nombre pair d'ouvertures en façade, le plus souvent quatre, dans tous les modèles.

1. Modèles de la région de Portneuf. On rencontre fréquemment la grosse cheminée carrée dans le centre du toit, mais aussi des cheminées rectangulaires dans le prolongement des murs-pignons.
2. Des modèles allongés, comportant un toit à deux versants ou à croupes faibles, parsèment la région de Québec, notamment l'île d'Orléans et la région de Bellechasse.
3. Modèles de la région de Montréal. Dans les maisons de cette région, dont la forme se rapproche du carré, les cheminées sont généralement rectangulaires et situées dans le prolongement des murs-pignons. Leur disposition est variée : elles peuvent être soit dans l'axe de faîtage, soit décalées par rapport à cet axe. Certaines de ces maisons ont des murs-pignons qui excèdent la toiture et forment une sorte de coupe-feu, une influence de l'architecture urbaine.

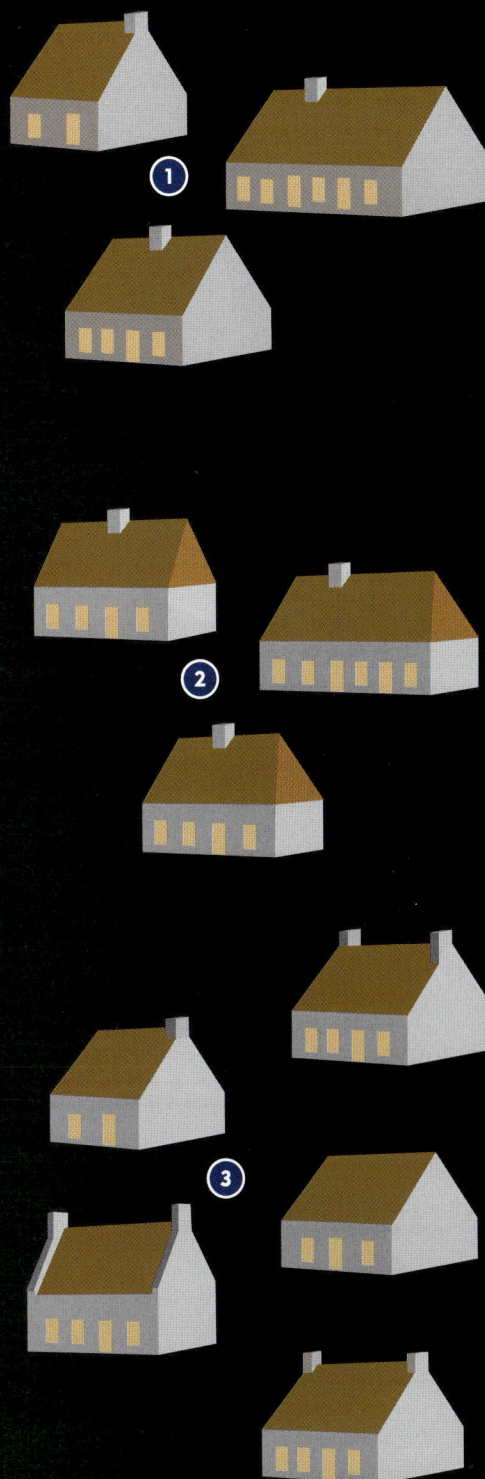

MODÈLES

La maison La Mulotière, qui date du milieu du XVIIᵉ siècle, se trouve à Tourouvre dans le Perche. Avec son toit pentu, ses cheminées en chicane, ses murs de moellons crépis et ses pourtours d'ouverture en pierre taillée ou en brique, elle illustre assez bien le genre d'habitation du XVIIᵉ siècle qui parsème la région d'où sont venus nombre de nos premiers colons, dont Robert Giffard, établi à Beauport, et Pierre Boucher, fondateur de Boucherville.

et de paille. La culture et les traditions exercent, elles aussi, une influence notable sur les diverses composantes de la maison et sur son association avec d'autres bâtiments, en même temps qu'elles déterminent la présence d'éléments d'architecture spécialisés. Le résultat ? Des maisons qui diffèrent d'un endroit et d'un pays à l'autre, souvent par l'accumulation de petites différences ou par certains détails. Une chose est certaine, la maison est largement tributaire de son milieu physique et social.

Au XVIIᵉ siècle, dans la vallée du Saint-Laurent, les premiers artisans français apportent, avec armes et bagages, leurs connaissances et leurs pratiques. Rien d'étonnant, dès lors, à ce que l'on construise des habitations de colombage avec remplissage de maçonnerie, de torchis ou de brique, procédés habituellement utilisés en France à la même époque. On recouvre même des maisons recouvertes de chaume. Mais une adaptation au nouveau pays se produit en quelques décennies à peine. Dès le début du XVIIIᵉ siècle, ces procédés font place aux murs de pièces sur pièces maintenues par des poteaux verticaux (pièce sur pièce à coulisse) ou assemblées à queue d'aronde. L'abondance et la disponibilité des ressources forestières de même que le climat rigoureux expliquent en bonne partie cette évolution.

LES ORIGINES FRANÇAISES DE NOTRE ARCHITECTURE

En France, les maisons des XVIIᵉ et XVIIIᵉ siècles ont une personnalité propre selon les régions où elles se trouvent. L'examen de leurs formes montre que la maison de la vallée du Saint-Laurent, tout en étant tributaire des modèles retrouvés sur la côte Atlantique, en Île-de-France et dans le Centre, a rapidement développé une identité propre, comme s'il s'agissait d'une nouvelle province française.

➡ Un peu partout en France, notamment dans le centre (Bresse) et dans le nord-est (Normandie, Picardie et Loire), on peut voir des maisons de colombage briqueté.

⬇ Petite maison du XVIIᵉ siècle à deux étages, en maçonnerie de moellon recouverte d'un enduit, dans le Perche.

1 à 3. Maison de viticulteur en Bourgogne. On retrouve un même carré de pierre recouvert du toit à deux versants. Mais la culture de la vigne a amené des modifications pratiques au bloc d'habitation : galerie d'accès arrière et tambour (2), cave voûtée à température constante et entrée séparée sur le mur-pignon (3), adjonction en retour d'équerre faisant office de cuvage (1). Quant à la pierre, elle provient du sous-sol local.

4. En Normandie, on rencontre plusieurs modèles de maisons, qui varient selon les époques et selon les régions. Mais il est certain que la maison de colombage bousillé au toit à croupes représente le modèle le plus connu. Il s'agit en fait d'un modèle particulièrement présent dans le pays d'Auge. Il n'est cependant pas prouvé que les maisons en forme de rectangle allongé et coiffées d'un toit à croupes, comme on en trouve dans la région de Québec, soient le résultat direct de ce modèle que des artisans auraient reproduit chez nous. En effet, ces maisons retrouvées au Québec ont été construites, pour la plupart, au milieu du XVIIIe siècle, alors que l'architecture de la vallée du Saint-Laurent avait déjà tendance à développer une identité propre, en fonction des matériaux locaux, des coutumes et des références esthétiques locales.

5. Petite maison villageoise dans la vallée de la Loire. La similitude avec les maisons de pierre du XVIIIe siècle dans la vallée du Saint-Laurent est évidente, notamment en ce qui concerne la silhouette générale.

MODÈLES

UNE GENTILHOMMIÈRE À L'ÎLE D'ORLÉANS

Il n'y a pas que des maisons campagnardes ou des maisons de ville en Nouvelle-France. On y trouve aussi des habitations bourgeoises de campagne. Le manoir Mauvide-Genest, à Saint-Jean, île d'Orléans, en est une preuve éloquente (en bas). Même s'il a droit au statut de manoir à cause du rang social de son ancien propriétaire, c'est avant tout une gentil-hommière comme on en trouvait dans plusieurs régions de la France à la même époque (exemple ci-contre à L'Abergement-Sainte Colombé, Bourgogne). Ces résidences à deux étages étaient construites tant dans les villages qu'à la campagne. Elles avaient la forme d'un rectangle à deux étages surmonté d'un toit à deux versants avec croupes.

Et si les Savoyards étaient venus ?

On a beaucoup parlé des avant-toits apparus au début du XIXᵉ siècle dans le paysage rural québécois. Ils seraient, selon certains, une amélioration technique permettant de s'adapter au climat de la vallée du Saint-Laurent et de ses chutes de neige abondantes. La partie inférieure du toit était prolongée pour former un avant-toit ou une large corniche constituant un auvent. Cette structure permettait d'éloigner du nu du mur l'égouttement provenant de la toiture et de faciliter l'accès à la maison, entre autres choses pratiques. Ces avantages sont indéniables, mais il est fort curieux de constater que cette façon de construire existait déjà aux XVIIᵉ et XVIIIᵉ siècles en Savoie, une région de la France où les chutes de neige sont abondantes !

Faut-il voir dans l'absence d'un avant-toit prolongé jusqu'à cette époque dans l'architecture de la Nouvelle-France le fait que les premiers colons français étaient originaires de la région atlantique, où ce procédé ne faisait pas partie des traditions ? Toujours est-il qu'il faudra attendre le début du XIXᵉ siècle et l'apparition de nouvelles modes pour que l'avant-toit prolongé soit introduit dans l'architecture locale.

On attribue souvent l'origine de la forme du toit à croupes à la Normandie. En réalité, cette forme de toit caractérise plutôt la partie nord de la Basse-Normandie, notamment le pays d'Auge. De plus, cette particularité du toit se retrouve ailleurs sur le territoire français. Les maisons à toit à croupes de la région de Québec, comme cette maison de Beaumont, ont en grande majorité été construites entre le milieu du XVIIIᵉ siècle et le début du XIXᵉ siècle, donc à une époque où la maison de la vallée du Saint-Laurent a acquis son identité propre. Des raisons d'ordre local expliquent sans doute ce trait architectural. Il pourrait simplement s'agir de l'influence du château Saint-Louis à Québec — édifice dont le prestige fut confirmé par les travaux de l'ingénieur Chaussegros de Léry en 1719 —, qui comportait un toit à deux versants avec croupes.

CALIXA-LAVALLÉE, JOYAU DU PATRIMOINE RURAL QUÉBÉCOIS

La plupart des grands ensembles ruraux en pierre actuels de la vallée du Saint-Laurent ont vu le jour entre le milieu du XVIIIe siècle et le milieu du siècle suivant. En effet, on ne construira presque plus de maisons rurales en pierre après cette période. Quant aux maisons antérieures à cette époque, il en subsiste très peu. Depuis leur construction, ces ensembles ont été exposés aux ravages du temps et peu d'entre eux nous sont parvenus dans leur intégralité.

Cet état de choses explique l'intérêt du groupement de maisons en pierre de Calixa-Lavallée, près de Verchères. Disposées avec discipline de part et d'autre de trois axes agricoles parallèles — les rangs de la Beauce et du Second Ruisseau ainsi que la rue Lamontagne —, près de deux douzaines de maisons en pierre construites entre la fin du XVIIIe siècle et les années 1840 campent solidement leurs silhouettes basses dans un paysage vaste et plat dominé par le clocher de l'église. Le rang de la Beauce est stupéfiant. Parcourir son long filament sinueux équivaut à plonger dans un paysage tel qu'il en existait il y a près de deux siècles. Calixa-Lavallée, par sa concentration exceptionnelle de maisons en pierre et par l'intégrité remarquable de son paysage, est un joyau du patrimoine rural au Québec.

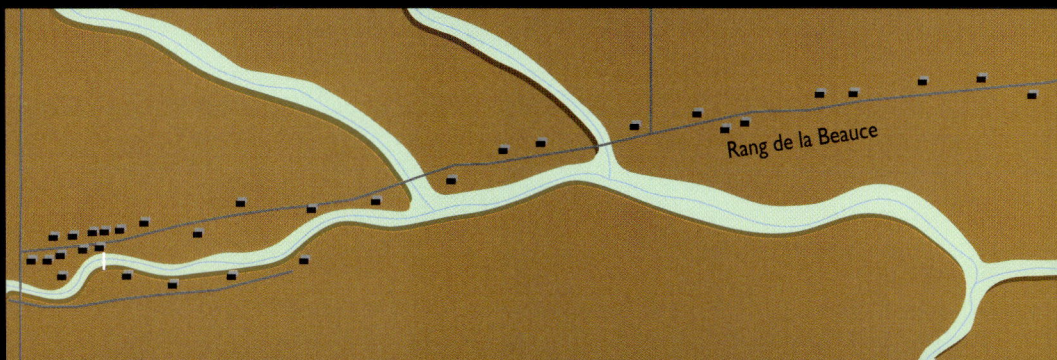

Rang de la Beauce

Dans Portneuf, des maisons en pierre grise... comme à Montréal ?

Bien peu de voyageurs auront noté la similitude entre la pierre calcaire des murs des maisons de la région de Montréal et celle qui habille les maisons de la région de Porteuf. Dans les deux cas, la pierre provient d'une seule et même formation géologique, appelée Trenton. Elle surgit sous forme de bande à Saint-Jean-sur-Richelieu, rejoint l'île de Montréal qu'elle supporte presque entièrement, occupe une large portion de la superficie de l'île Jésus, traverse le fleuve, longe la rive nord et se termine un peu en aval de Québec. C'est pourquoi on trouve toutes ces carrières sur l'île de Montréal, à Saint-Vincent-de-Paul, à Saint-Jean-sur-Richelieu, mais aussi à Deschambault et à Neuville, dans Portneuf. Partout, les maisons en pierre grise constituent un trait dominant du paysage architectural.

Les principales concentrations de maisons en pierre du Québec se trouvent toutes sur cette formation géologique, ou à proximité : régions de Saint-Jean-sur-Richelieu, de Laprairie, de Longueuil, île de Montréal, île Jésus, régions de L'Assomption, de Portneuf, de la Côte-de-Beaupré et de l'île d'Orléans. Au début du XXe siècle, ce calcaire destiné à la construction assure presque à lui seul la totalité de la production architecturale de la province de Québec.

Tout le long de l'ancien chemin du Roy, entre Trois-Rivières et Québec, une silhouette familière revient régulièrement. Deux versants pentus coiffent un gros carré de moellons en calcaire de Trenton, et une grosse souche de cheminée émerge du centre de la toiture. Cette maison, qui comporte quatre baies en façade, s'inscrit dans la tradition française de construire. Elle sera suivie d'un autre type, lui aussi en pierre, construit à partir des années 1820 environ, et caractérisé par la symétrie de ses ouvertures et de ses cheminées.

Gravure du XVIIIe siècle montrant la coupe et l'équarissage du bois. (Collection de l'auteur)

LES MAISONS EN PIERRE DE PORTNEUF...
OU LA TRADITION FRANÇAISE EN MUTATION

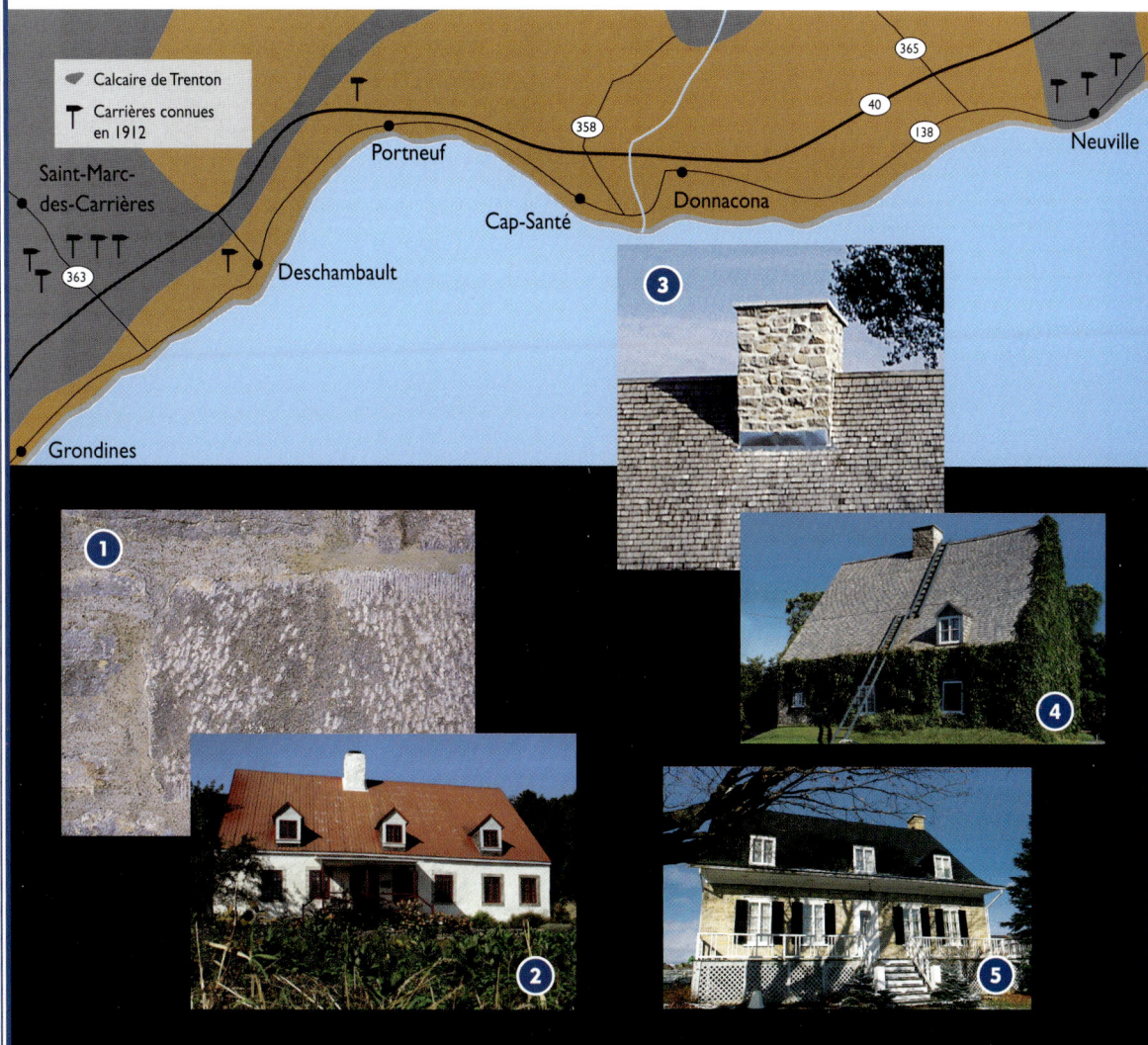

Dans la région de Portneuf, de part et d'autre de l'ancien chemin du Roy, surgissent les carrés de maçonnerie typiques de maisons de la seconde moitié du XVIIIᵉ siècle et du début du XIXᵉ siècle. Ici, de grosses cheminées centrales évoquent le XVIIIᵉ siècle. Là, des cheminées symétriques dans le prolongement des murs-pignons révèlent l'influence du classicisme sur la maison vernaculaire, exemple de la maison en quête d'une identité proprement québécoise.

1. Calcaire gris de la région de Portneuf
2. Maison allongée couverte d'un enduit et blanchie, à Cap-Santé
3. Grosse cheminée centrale typique de la région de Portneuf
4. La maison Adjutor Soulard, à Neuville, érigée entre 1759 et 1767
5. Maison avec cheminées dans le prolongement des murs-pignons, à Neuville, érigée en 1854

MODÈLES

55

Un modèle particulier à l'île d'Orléans?

Même si l'île d'Orléans réunit des maisons d'à peu près toutes les époques, on remarque la présence importante d'un modèle long et peu profond, construit en pierre ou en bois, qui parsème le milieu rural à partir du XVIIIe siècle. Son toit à deux versants comporte souvent des croupes à ses extrémités. Tout l'édifice semble ancré à une grosse cheminée qui émerge du centre du toit. L'allongement du carré initial dans le but d'augmenter l'espace intérieur n'explique pas à lui seul cette forme, puisque plusieurs maisons avaient ces proportions à l'origine. La longueur de la maison varie de une fois et demie à deux fois et demie sa largeur. On trouve parfois ce modèle ailleurs dans la région de Québec. La maison Trudel, à Beaumont, en est un exemple.

La maison Basile-Routier a été construite en deux parties : une première partie de pièce sur pièce assemblée à queue d'aronde, érigée entre 1755 et 1781, et une seconde partie en madriers sur madriers, érigée au début du XIXe siècle. À l'origine propriété de la famille Belleau dit Larose, la maison passe à la famille Routier après le mariage d'Angélique Belleau dit Larose à Antoine Routier en 1796. L'ancêtre Jean Routier était venu de Dieppe en France dans la seconde moitié du XVIIe siècle.

UN MODÈLE DE MAISON TYPIQUE DE L'ÎLE D'ORLÉANS ?

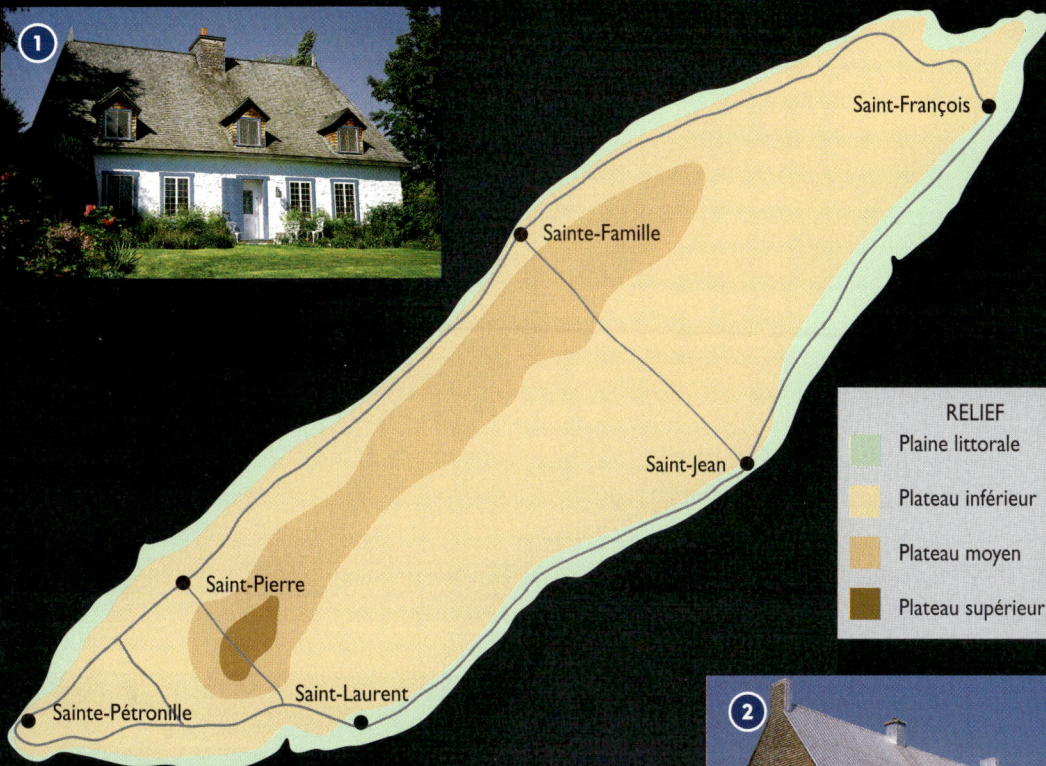

RELIEF

Plaine littorale

Plateau inférieur

Plateau moyen

Plateau supérieur

Contrairement à certaines affirmations, il n'y a pas vraiment de modèle architectural exclusif à l'île d'Orléans, puisqu'on peut y voir des maisons de toutes les époques et de plusieurs styles. Cependant, on y trouve plusieurs maisons en bois ou en pierre construites dans la seconde moitié du XVIIIᵉ siècle ou au début du XIXᵉ siècle, qui s'inscrivent dans la tradition française de construire. Il s'agit habituellement de carrés peu exhaussés du sol, coiffés d'un toit à deux versants avec ou sans croupes dont les pentes, prononcées, varient de 45 à 55 degrés. Certaines de ces maisons ont vu leur longueur originale doubler et même tripler à la suite d'allongements successifs. Il en résulte habituellement un nombre irrégulier d'ouvertures en façade. Généralement, la base du versant se termine par un égout et, dans quelques cas, par un avant-toit ajouté plus tard. Ces maisons se retrouvent aussi dans la région riveraine de Bellechasse et aux environs de Québec, mais en beaucoup moins grand nombre.

1. Maison au toit à croupes
2. Les allongements successifs de maisons de l'île d'Orléans expliquent leur forme de rectangle allongé, la disposition singulière de leurs ouvertures et le grand nombre de cheminées.
3. Maison de pièces au toit à croupes

ENSEMBLES

Même s'il ne reste plus d'exemples connus de maisons du XVIIᵉ siècle ou du début du XVIIIᵉ siècle construites en bois, on peut les imaginer facilement en regardant cette maison de Portneuf, plus tardive, mais qui est porteuse de la même tradition.

🡔 Vraisemblablement construite entre 1751 et 1781, cette maison en pierre est située rue Decelles, à Montréal. Elle illustre bien le phénomène des maisons rurales construites avec des murs coupe-feu, qu'on explique par la volonté de copier l'architecture urbaine frappée par des règlements relatifs à la propagation des incendies par les toits.

🡐 Cette maison de pierre présente les caractéristiques d'une maison très ancienne : carré plutôt bas et cheminées disposées en chicane. Les lucarnes à toit à deux versants, avec croupe (comme ici) ou sans croupe sont des modèles que l'on rencontre souvent aux XVIIᵉ et XVIIIᵉ siècles.

Construite en 1796 pour Joachim Génus, capitaine de milice, la maison Valois, située à Dorion, comporte un carré de pièce sur pièce recouvert de planches debout. Dotée notamment d'un avant-toit à la suite de travaux postérieurs à sa construction, la maison a retrouvé son état d'origine lors de travaux de restauration en 1972. On lui a alors redonné des versants droits, sans le retroussement présent lorsqu'un coyau est fixé à l'extrémité des chevrons-arbalétriers de la charpente de toit (voir p. 156).

➦ Cette maison de pierre de la région de Verchères a vu ses ouvertures dotées de chambranles en bois découpé lors d'améliorations postérieures à sa construction. Il est rare qu'on puisse encore observer la présence de contre-portes et de contrevents barrés à queue d'aronde, de facture ancienne, par surcroît fixés au moyen de leur quincaillerie d'origine.

➦ Petite maison de pièces aux lucarnes à toit à deux versants, dans la région de Bellechasse. L'égout à la base du versant avant résulte de la présence du coyau.

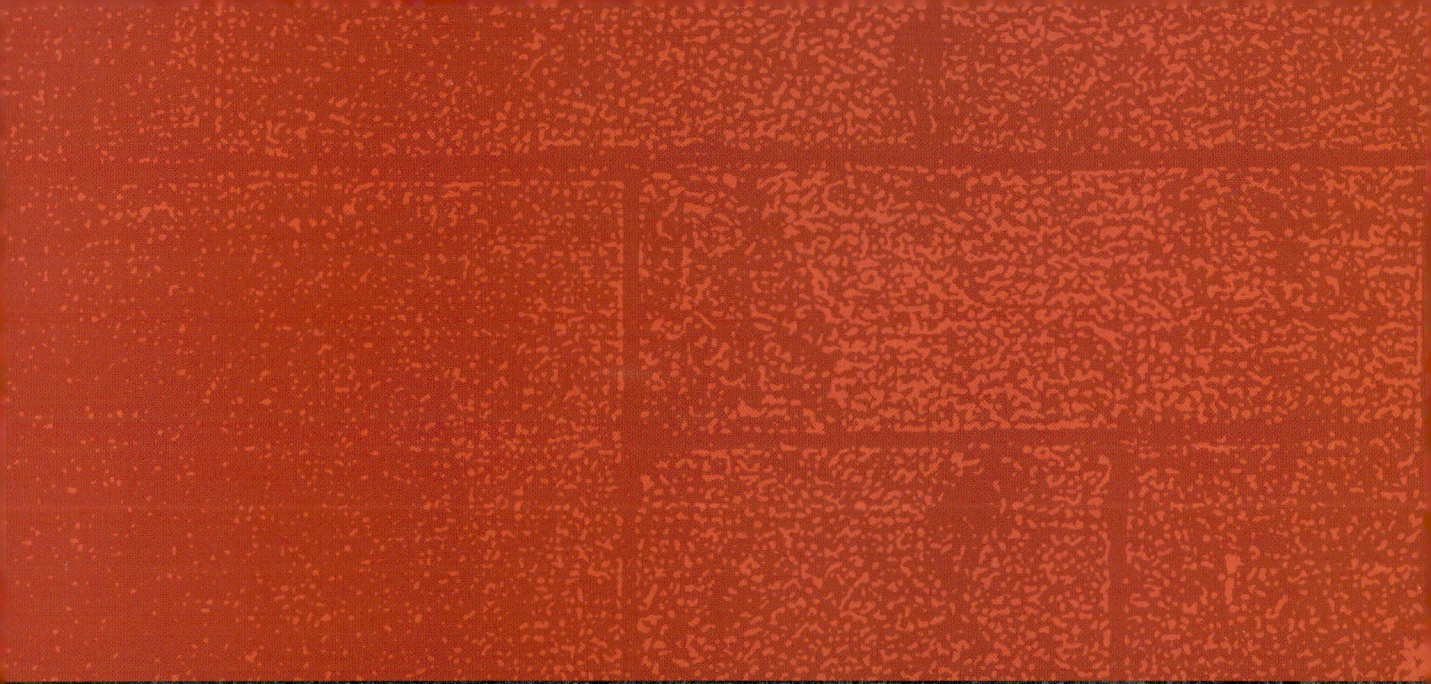

Les Anglais arrivent !

Les styles palladien, néoclassique
et néogrec (Greek Revival),
à la fin du XVIIIe siècle et dans
la première moitié du XIXe siècle

*A*près la Conquête, la population canadienne-française est plongée dans un nouveau système colonial, cette fois dominé par l'Angleterre. Il va de soi que le prestige de la nouvelle métropole contribue pour beaucoup à la diffusion de nouveaux courants de pensée dans la petite colonie de la vallée du Saint-Laurent. Le premier apport esthétique redevable aux Britanniques est le style palladien, un classicisme retenu nommé ainsi en l'honneur de l'architecte italien du XVIe siècle, Andrea Palladio, qui en est à l'origine. Suivront une deuxième manifestation esthétique apparentée à la première, le néoclassicisme, introduit au début du XIXe siècle, puis une troisième, le néogrec ou Greek Revival, où l'on prend directement comme modèles les grands monuments de l'Antiquité grecque et romaine.

En plus de favoriser l'introduction de nouveaux styles dans l'architecture, l'arrivée d'ingénieurs et de militaires britanniques dans la colonie contribue à faire connaître un nouveau courant de pensée, le Pittoresque. Les tenants de ce courant soutiennent que l'architecture ne doit plus être conçue uniquement en termes de justesse des proportions et d'harmonie des éléments architecturaux, mais aussi en fonction de la nature environnante. La dimension innovatrice du Pittoresque réside dans cette ouverture de la maison sur l'extérieur. Le courant aura une influence importante sur l'architecture populaire.

Changements dans la tradition de construire au XIXe siècle

Ce n'est qu'au début du XIXe siècle, alors qu'interviennent de nouveaux facteurs, que des modifications significatives sont apportées à la tradition française de construire. La production de bois scié (madriers, planches et colombages) par les moulins à scie qui se répandent le long du Saint-Laurent et de ses tributaires supplante graduellement la production de bois équarri. Des gens de métier issus de la tradition anglo-saxonne de construire émigrent au Bas-Canada, apportant avec eux des techniques nouvelles. L'effervescence du développement économique et de la construction aux États-Unis entraîne l'adoption de nouvelles techniques de construction dans le bâtiment et l'habitation.

C'est dans ce contexte que l'on assiste, au début du XIXe siècle, à une simplification de la charpente de tradition française et qu'apparaît le « comble à l'anglaise ». La ferme française fait place à un assemblage fort simple constitué de deux chevrons et d'un faux-entrait. Le contreventement des fermes, qui était assuré dans la charpente de tradition française par un ensemble complexe de pièces, disparaît au profit des planches du toit qui, disposées horizontalement et clouées sur les fermes, assurent

Le Panthéon à Rome (Italie). (Brunner & C., Archives nationales du Québec à Québec)

la solidité de l'ensemble. Tout est plus simple, plus léger, et plus économique. Cette forme de charpente prédominera jusqu'au début du XXe siècle.

Des changements sont également apportés aux murs, alors que les murs pleins en pièces ou en madriers cèdent graduellement la place, dans le dernier quart du XIXe siècle, au mur à ossature de bois, ou *balloon frame*. Cette technique également connue sous le nom de charpente à claire-voie, inventée vers 1830 dans la région de Chicago, aux États-Unis, deviendra avec le temps le procédé nord-américain universel.

Alors que le bois et la pierre s'étaient partagé les honneurs de la construction domiciliaire des débuts de la colonie jusqu'aux premières années du XIXe siècle, la brique fait son apparition au cours des années 1840. Sa présence timide se manifeste d'abord dans les anciens comtés de Beauharnois, de Huntingdon, de Missisquoi, de Richelieu, de Rouville, de Saint-Hyacinthe, de Shefford, de Stanstead, de Chambly, et dans l'axe Saint-André – Lachute, dans le comté de Deux-Montagnes. Le matériau gagne ensuite progressivement du terrain pour occuper une place de plus en plus significative dans le paysage construit.

À la fin du XIXe siècle, la maison en brique a acquis une grande popularité dans toutes les villes et agglomérations du sud de la province ainsi que dans la région de Québec. On la retrouve à Montréal, Québec, Lévis, Trois-Rivières, Lachute, Longueuil, Ormstown, Sherrington, Saint-Jean-sur-Richelieu, Saint-Hyacinthe, Joliette, Richmond et Sorel. Dans les campagnes, elle continue de se répandre partout où elle s'était déjà implantée au milieu du XIXe siècle. À la fin du siècle, elle forme une large couronne tout autour de Montréal sur les rives nord et sud, jusqu'à la frontière américaine. Entre Montréal et Sorel, elle occupe une place de choix dans le paysage en bordure du fleuve, et sa présence s'affirme aussi tout le long du Richelieu, dans les Cantons-de-l'Est et sur les rives de la rivière Saint-François.

La construction en pierre se maintient au Québec dans la première moitié du XIXe siècle, mais elle porte souvent désormais les marques du classicisme anglais. Cette influence s'exerce notamment dans la localisation des matériaux dans le bâtiment et dans la finition. Par exemple, on réserve à la façade la pierre de meilleure qualité ou la pierre la mieux taillée, et les coins sont occasionnellement ornés de chaînages de pierre de taille. Il en va de même des encadrements de portes et de fenêtres.

Vers 1860, un changement majeur s'opère dans les tendances générales, et la construction de maisons rurales en pierre cesse presque complètement sur l'ensemble du territoire québécois. Le bois et la brique dominent maintenant.

LA PIERRE GRISE EST PARTOUT !

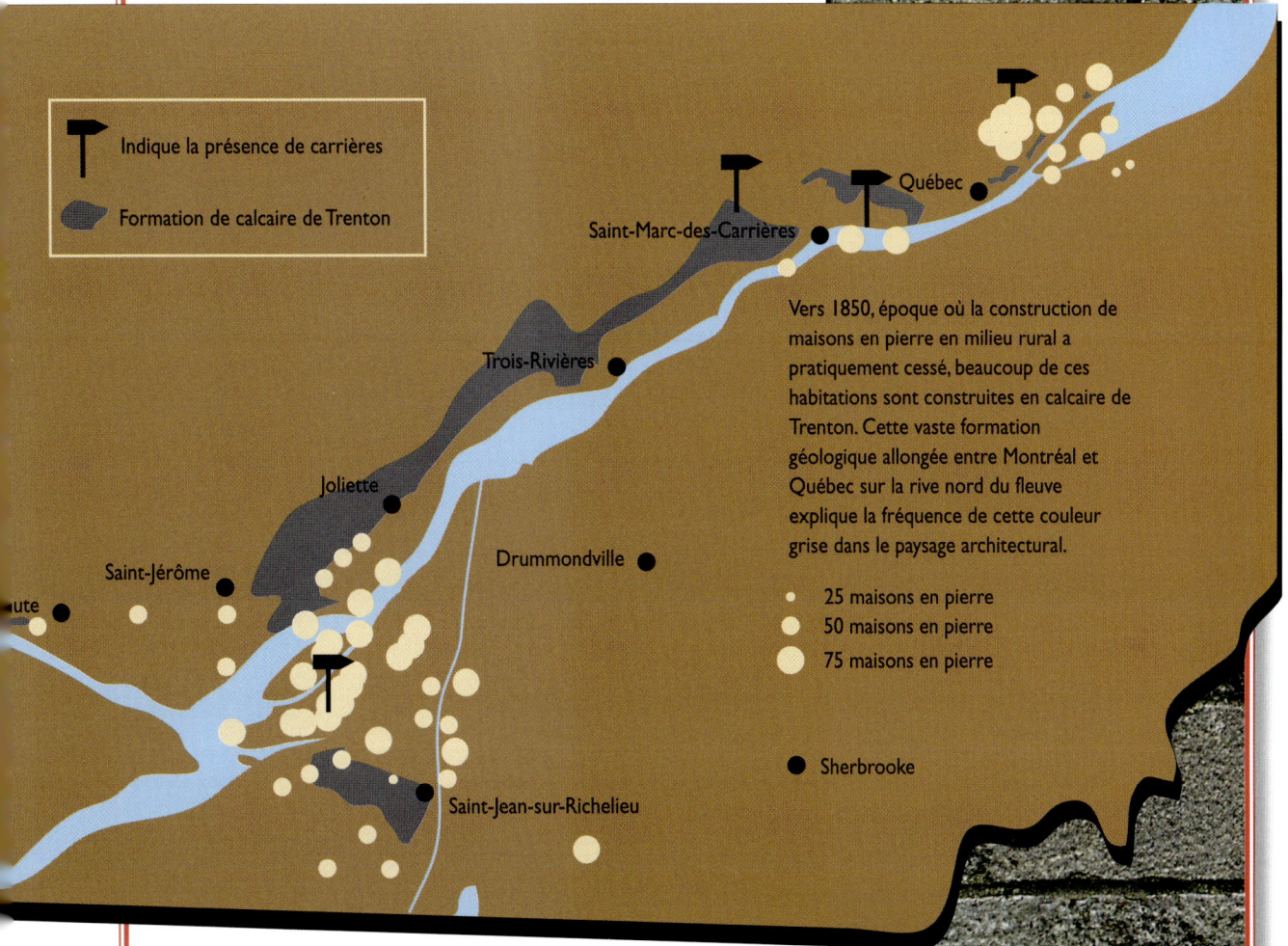

Indique la présence de carrières

Formation de calcaire de Trenton

Québec

Saint-Marc-des-Carrières

Trois-Rivières

Joliette

Saint-Jérôme

Drummondville

ute

Saint-Jean-sur-Richelieu

Vers 1850, époque où la construction de maisons en pierre en milieu rural a pratiquement cessé, beaucoup de ces habitations sont construites en calcaire de Trenton. Cette vaste formation géologique allongée entre Montréal et Québec sur la rive nord du fleuve explique la fréquence de cette couleur grise dans le paysage architectural.

○ 25 maisons en pierre
○ 50 maisons en pierre
◯ 75 maisons en pierre

● Sherbrooke

Les principales concentrations de maisons en pierre de la vallée du Saint-Laurent voisinent une grande formation de calcaire de Trenton, une pierre de construction exploitée notamment dans les carrières de l'île de Montréal, de Laval, de Saint-Marc-des-Carrières, de Neuville et de Beauport.

Au XIXe siècle, le calcaire, sous forme de pierre taillée, apparaît de plus en plus dans l'architecture des maisons, sinon sur les quatre murs, du moins en façade.

MAÇONNERIE

DES ROCHES IGNÉES DANS LES MURS

Pour la construction des murs de maçonnerie, on emploie soit la pierre calcaire, soit un mélange de cette dernière avec de la roche ignée, généralement des pierres des champs. Mais au XIXe siècle, on construit aussi des murs uniquement avec des roches ignées, grossièrement équarries, et montées avec ou sans appareil. La nature même des pierres et leur origine contribuent à la variété des couleurs locales.

1. Mélange de pierre calcaire et de pierres des champs
2. Mélange de pierre calcaire et de grès
3. Mur en grosses pierres des champs
4. Mur en pierres diverses avec un joint appuyé
5. Mur en pierres de grès et en blocs de granit, sans appareillage
6. Mur en pierres grossièrement équarries d'origine granitique, avec appareillage irrégulier
7. Dans cette maison rurale de la région de Verchères, l'influence classique anglaise se manifeste par l'ajout d'imposants chaînages de pierre de taille en calcaire aux angles, alors que les murs sont en pierre des champs.

MAÇONNERIE

LA BRIQUE, PHÉNOMÈNE DU XIXᵉ SIÈCLE

La brique apparaît dans les années 1840 d'abord dans les anciens comtés de Beauharnois, de Huntingdon, de Missisquoi, de Richelieu, de Rouville, de Saint-Hyacinthe, de Shefford, de Stanstead, de Chambly et dans l'axe Saint-André — Lachute dans le comté de Deux-Montagnes. Puis le matériau occupe graduellement du terrain. À la fin du XIXᵉ siècle, la maison en brique a gagné énormément de popularité dans toutes les villes et les agglomérations du sud de la province — Montréal, Trois-Rivières, Lachute, Longueuil, Ormstown, Sherrington, Saint-Jean-sur-Richelieu, Saint-Hyacinthe, Joliette, Richmond et Sorel — ainsi qu'à Québec et Lévis.

Mur porteur ou mur de revêtement ?

Comment distinguer les plus anciennes maisons de brique ? Les murs porteurs sont les plus anciens murs de brique de maisons et sont montés en plusieurs rangées accolées les unes aux autres. Pour les reconnaître, il suffit d'observer un détail. Après chaque groupe de quatre ou cinq rangées de briques posées sur le long, on peut voir des briques posées en boutisse, qui sont destinées à faire la liaison entre les différentes épaisseurs. Seule l'extrémité de ces briques est visible. À partir de la seconde moitié du XIXᵉ siècle, économie oblige, le mur de brique devient un revêtement adossé à une structure de bois, d'où l'expression anglaise *brick veneer,* rencontrée à l'époque.

1. Mur plein en brique. Noter la présence d'une rangée en boutisse après chaque groupe de cinq rangées ordinaires.
2. Brique rouge commune.
3. Brique jaune réfractaire, dite « écossaise ». Malgré cette désignation relative à l'Écosse, cette brique peut provenir tout autant d'Écosse que d'Angleterre, deux pays producteurs de brique réfractaire au XIXᵉ siècle. Les États-Unis prendront par la suite la relève.
4. Brique « Ramsay » jaune beige retrouvée dans Portneuf. La firme G. H. Ramsay de Newcastle-upon-Tyne (Angleterre) a été l'une des grandes productrices et exportatrices de cette brique au XIXᵉ siècle, mais elle a eu aussi ses imitateurs.

MAÇONNERIE

UNE TECHNIQUE HOLLANDAISE VENUE DE LA RÉGION DE NEW YORK

C'est vers 1614 que des commerçants de fourrure d'origine hollandaise s'établissent à Albany puis, en 1626, à New Amsterdam (aujourd'hui New York), en Nouvelle-Angleterre. De 1624 à 1820 environ, le peuplement hollandais s'étend le long de la rivière Hudson, dans les États de New York et du New Jersey (carte ci-contre). Ces colons ont apporté d'Europe diverses techniques de construction dont le colombage briqueté, tradition que connaissent aussi les premiers colons français. Pourtant, ce sont des colons américains d'origine hollandaise, immigrés au Québec à la fin du XVIIIe siècle et au début du XIXe siècle dans la foulée de la Révolution américaine, qui réintroduisent chez nous cette technique de construction. On trouve encore aujourd'hui, dans la région de Lacolle, des maisons dont les murs sont construits en pan-de-bois rempli de briques. L'une de ces familles de colons, les Van Vliet, figure parmi les fondateurs de Lacolle. On retrouvait même à Lacolle une briqueterie artisanale (en haut à droite).

De nos jours, il est difficile de détecter dans le paysage construit ces maisons (à droite) bâties en colombage briqueté parce que leurs murs ont été recouverts de planches horizontales afin de les protéger des intempéries. C'est d'ailleurs l'une des premières améliorations apportées à cette technique par les colons hollandais de la vallée de la rivière Hudson, aux États-Unis.

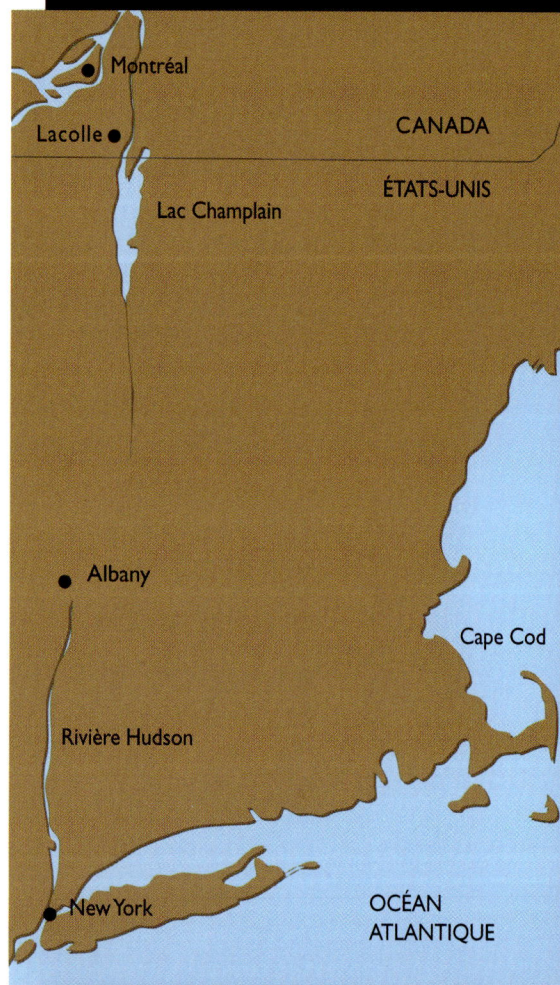

LE MADRIER, LA PLANCHE ET LE BARDEAU, MATÉRIAUX PRIVILÉGIÉS DU XIXᵉ SIÈCLE

Au XIXᵉ siècle, la construction des murs en bois fait toujours appel au pièce sur pièce à coulisse ou à queue d'aronde, mais le madrier entre en scène, favorisé notamment par la prolifération des moulins à scie. Quant aux revêtements, on utilise largement les planches verticales, les planches horizontales embrevées et celles qui se chevauchent. Selon le sens où elles sont disposées par rapport aux pièces ou aux madriers, les planches de revêtement sont clouées directement sur la structure ou fixées sur un lattage. Entre les deux, on pose occasionnellement des feuilles d'écorce de bouleau à titre de coupe-froid.

1. Revêtement de planches verticales ou planches debout
2. Revêtement de bardeau scié
3. Recouvrement de feuilles d'écorce de bouleau sur un mur de madrier
4. Planches horizontales moulurées et embrevées, fixées à un lattage sous-jacent, lui-même fixé à des pièces horizontales
5. Les murs de madrier, équarris ou sciés, posés à plat ou sur le can, sont couramment utilisés au XIXᵉ siècle. Ici, un mur de madrier scié, posé sur le plat.
6. Planches horizontales qui se chevauchent dans une maison d'influence américaine.
7. Planches horizontales qui se chevauchent.
8. Planches horizontales embrevées
9. Au bas du mur, une planche horizontale faisant office de larmier (appelé communément renvoi d'eau à l'époque) éloigne l'égouttement pluvial du solage.
10. La construction en colombage à claire-voie, ou *balloon frame,* l'une des grandes transformations dans la construction de maisons à partir de la seconde moitié du XIXᵉ siècle

STUDDING AND FRAMING

AU XIXᵉ SIÈCLE, UNE CHARPENTE SIMPLIFIÉE

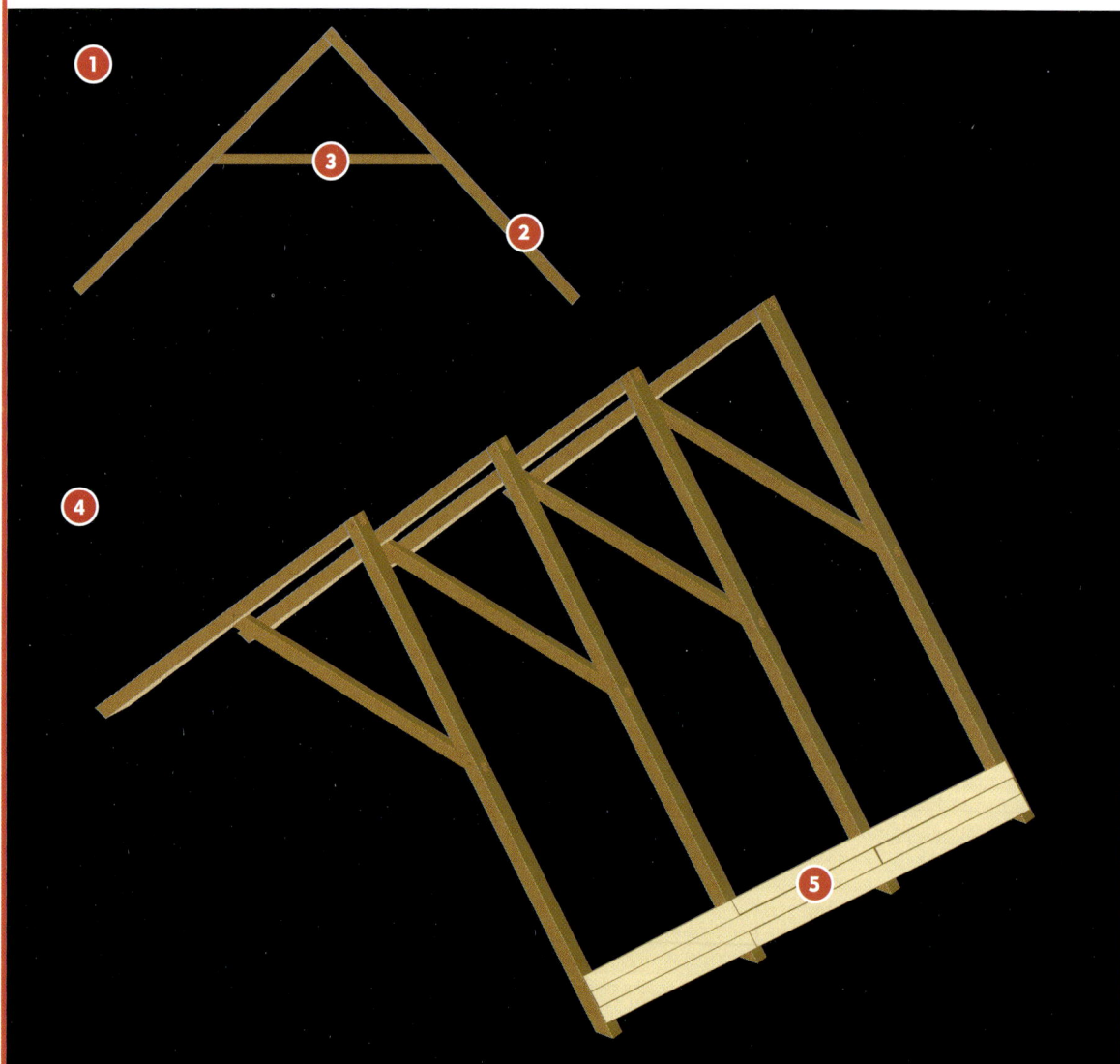

Dans le deuxième quart du XIXᵉ siècle, la charpente de toit française laisse place à une nouvelle charpente simplifiée, dont l'élément de base est toujours la ferme, mais dans une version plus légère et moins élaborée qu'au siècle antérieur. On parle alors de charpente à l'anglaise. L'écartement entre les fermes est désormais assuré par des planches de toit disposées longitudinalement et clouées.

1. La ferme, unité de base de la charpente, est considérablement simplifiée. Elle ne comprend plus maintenant que deux chevrons-arbalétriers et un faux-entrait.
2. Chevron-arbalétrier
3. Faux-entrait
4. Charpente et ses fermes
5. Le contreventement longitudinal de la charpente est désormais assuré par des planches clouées à chaque ferme.

CHARPENTERIE

Au milieu du XIXᵉ siècle, l'amélioration des techniques permet de réaliser des verres de qualité de plus grande surface. Apparaît alors la fenêtre à grands carreaux, qui remplacera graduellement la fenêtre à petits carreaux, au gré des travaux d'entretien apportés aux maisons anciennes.

MODÈLES CLASSIQUES ANGLAIS

Avec l'introduction du classicisme anglais au tournant du XIXe siècle apparaissent de nouveaux modèles de portes et fenêtres, dont le décor emprunte généralement à l'ordre dorique.

1. Entrée à l'encadrement dorique
2. Fenêtre à guillotine, dite « georgienne »
3. Double fenêtre du même modèle
4. Modèles communs de fenêtres dont l'une a le sommet du chambranle en forme de capucine
5. Grande fenêtre propre à certains cottages pittoresques
6. Entrée néoclassique comportant une imposte à carreaux et des fenêtres latérales

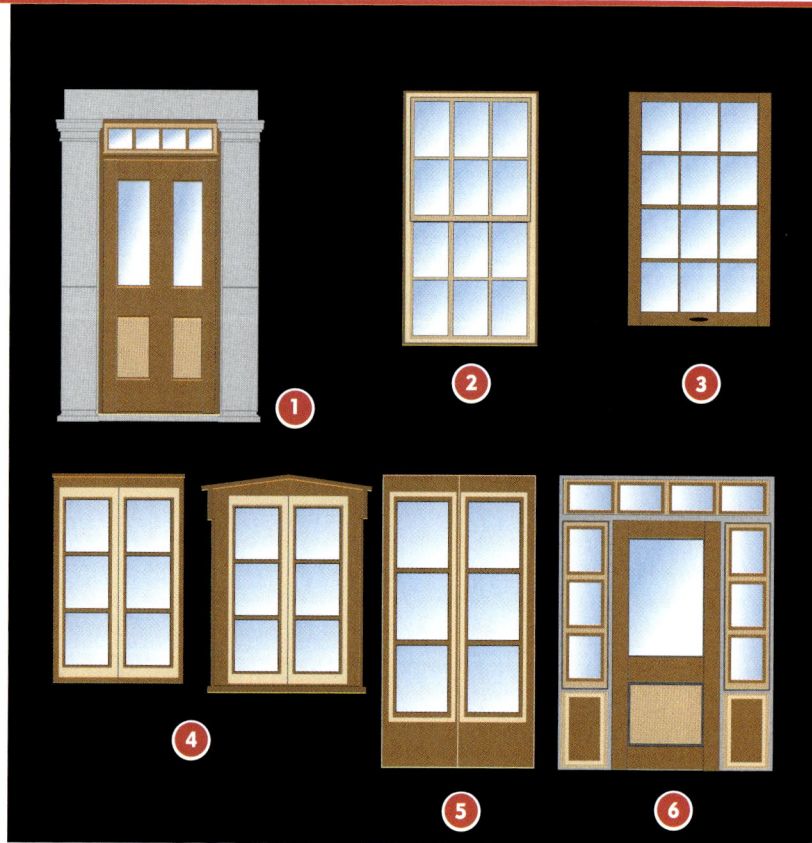

MODÈLES NÉOCLASSIQUES COURANTS DU XIXe SIÈCLE

Modèles de portes et de fenêtres que l'on rencontre fréquemment sur les maisons classiques du XIXe siècle. Le décor de la porte et celui de la fenêtre sont généralement assortis pour bien s'harmoniser. On retrouvera ainsi sur la fenêtre un rappel du décor de la porte.

1. Un modèle simple, où les ordres antiques ne sont que suggérés timidement par deux éléments verticaux, les piédroits, un élément horizontal et une moulure suggérant la corniche
2. La forme en capucine au-dessus de la fenêtre et de la porte est un emprunt de l'architecture vernaculaire au style néogrec.
3. Modèle avec encadrement simple
4. L'imposte vitrée rectangulaire au lieu d'une imposte cintrée exprime la prépondérance de l'inspiration néoclassique.

BAIES

76

MODÈLES D'INFLUENCE AMÉRICAINE

Dans le sud du Québec, à proximité de la frontière canado-américaine, on remarque la présence de maisons d'influence américaine dont les fenêtres et les portes se distinguent, en plus de noter une influence anglaise dans l'architecture.

1. Modèle commun de fenêtre
2. Modèle commun avec chambranle simple en bois
3. Modèle de porte avec fenêtres latérales
4. Modèle comportant une imposte vitrée en forme de demi-ellipse

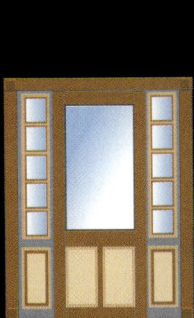

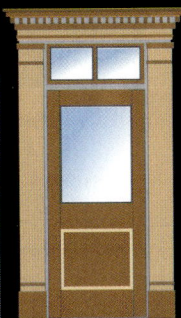

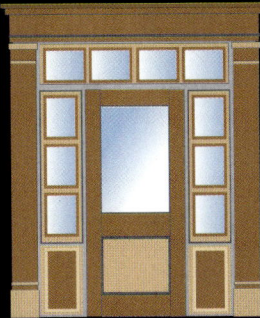

L'ÎLE JÉSUS, ANCIEN TRÉSOR DE DEMEURES RURALES EN PIERRE

Au début du XIXᵉ siècle, l'île Jésus (aujourd'hui Laval) compte un nombre considérable de maisons rurales en pierre, disposées sur son pourtour ou dispersées le long de ses rangs et de ses côtes. Plusieurs périodes importantes sont représentées dans ce vaste ensemble qui se manifeste sous la forme de maisons typiques du XVIIIᵉ siècle comportant quatre ouvertures en façade, de maisons d'influence néoclassique avec cinq ouvertures en façade dont une porte centrale, et de maisons de style Second Empire construites vers 1860.

Les pignons de ces maisons se prolongent dans des cheminées simples ou doubles, dans l'axe du faîtage ou décentrées par rapport à celui-ci. L'aspect le plus remarquable, sur l'île Jésus, est la persistance de l'utilisation de l'une de ces ressources locales, une pierre calcaire bien typique. Au cours des décennies, les artisans locaux ont su démontrer leur savoir à cet égard, au gré des modes. Le moellon équarri, la pierre de taille et la pierre à bossage succèdent au moellon irrégulier du XVIIIᵉ siècle, une preuve de l'adaptation des techniques au fur et à mesure qu'évoluent les modes architecturales.

1. Maison de style Second Empire, aux murs en pierre taillée et chaînages d'angle en calcaire
2. Encadrement de pierre taillée
3. Souche de cheminée double dans une maison du XVIIIᵉ siècle
4. Maison de style Second Empire : les pierres taillées présentent un aspect rustique à cause de leur surface bosselée.
5. Maison de la première moitié du XIXᵉ siècle, comportant un encadrement de porte principale néoclassique en calcaire
6. Maison du XVIIIᵉ siècle en moellon de calcaire

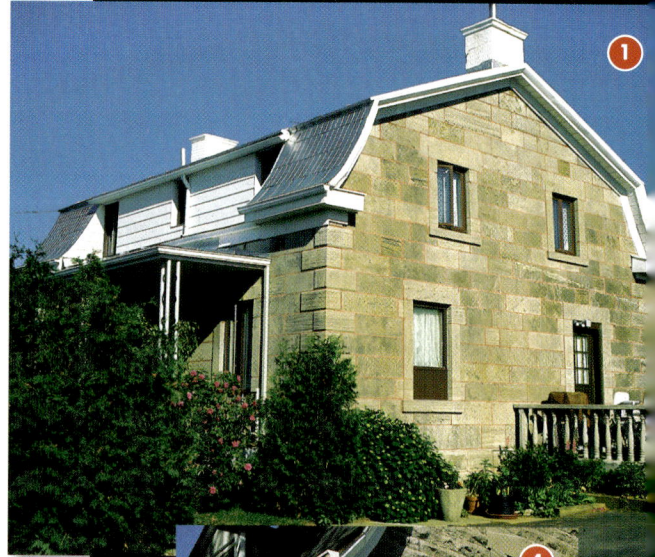

ENSEMBLES

Saint-François

Sainte-Rose

Saint-Vincent-de-Paul

L'ÎLE JÉSUS
AU DÉBUT DU XIXᵉ SIÈCLE

LES MAISONS EN PIERRE GRISE DE BRECKENRIDGE

À l'ouest de Hull, dans l'Outaouais, la région comprise entre Aylmer et Breckenridge offre de nombreux exemples de maisons en pierre de style néoclassique encore bien conservées. La plupart du temps, une grande lucarne-pignon percée d'une fenêtre à trois baies orne le centre du toit. Toutes construites en pierre grise, ces maisons présentent une apparence rugueuse à cause des moellons de leurs murs, dont le parement est brut ou bosselé afin de donner à l'ensemble un aspect rustique.

Ce n'est pas là une coïncidence. Le sous-sol renferme quelques formations de calcaire, dont celle de Trenton, qui se prête à diverses utilisations, la pierre de construction, par exemple. Sa couleur, un gris aux légères variations de tons, donne cet air de famille à ces maisons de ferme construites entre le début et la fin du XIXe siècle.

1. Maison en pierre grise à Aylmer. La symétrie est de rigueur dans ces maisons. Noter les fenêtres à guillotine typiques de l'architecture d'influence anglaise.
2. L'Hôtel Symmes, construit en pierre grise locale à Aylmer
3. Maison néoclassique en pierre grise à Breckenridge
4. Mur de moellon calcaire
5. Maison néoclassique en pierre grise typique de la région de Hull, Aylmer et Breckenridge : un carré de pierre avec une grande lucarne-pignon percée d'une grande fenêtre qui en occupe habituellement le sommet (voir page suivante).

ENSEMBLES

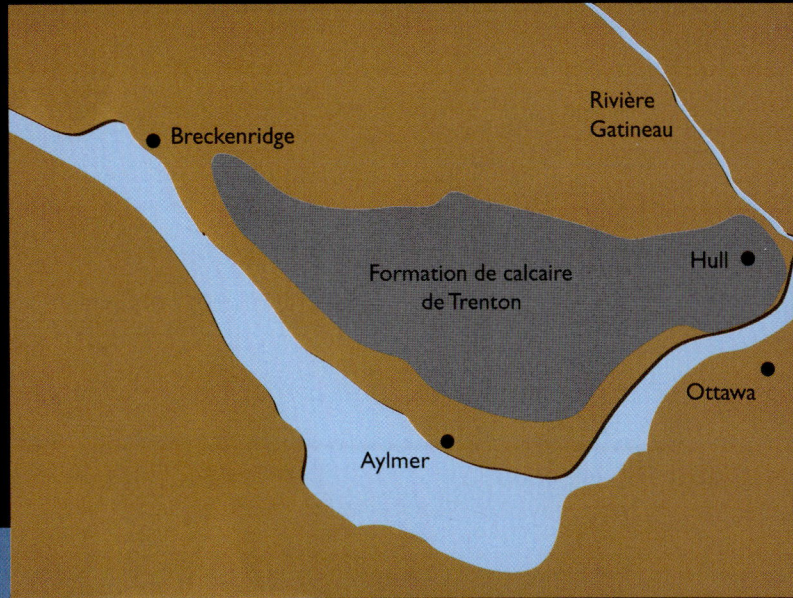

Formation de calcaire de Trenton

TIMIDE PRÉSENCE DU STYLE PALLADIEN
(Vers 1790 jusqu'à 1830 environ)

Le palladien, première incursion chez nous du classicisme anglais, s'est plutôt manifesté en milieu urbain, de sorte qu'on retrouve peu de bâtiments appartenant à ce style dans l'architecture rurale et villageoise.

Le palladien naît en Angleterre dans la deuxième décennie du XVIIIe siècle, lorsque des architectes s'inspirent de la Renaissance italienne pour créer une architecture nationale anglaise. Cette appellation de « palladien » vient de l'architecte italien Andrea Palladio (1508-1580), auteur de plusieurs grandes villas remarquables. À cette influence, il faut ajouter celle de James Gibb, qui a conçu plusieurs églises londoniennes dont la composition et le vocabulaire empruntent aux temples romains de l'Antiquité. Le palladien connaît une grande popularité en Grande-Bretagne au début du XVIIIe siècle.

Le style est introduit au Québec par différents canaux. On se familiarise avec son vocabulaire grâce à diverses copies de traités d'époque en circulation ; des bâtiments conçus par des architectes et des ingénieurs de l'armée britannique servent d'exemples pour la construction civile ; les immigrants en provenance de Grande-Bretagne contribuent à leur manière à sa popularisation. Par contre, son apparition sur le territoire québécois est à la fois tardive et brève. Il semble en effet qu'il ne se soit manifesté que de la fin du XVIIIe siècle jusque vers les années 1830.

Comment le reconnaître ?

Les traits marquants du style palladien consistent en un avant-corps central en façade coiffé d'un grand fronton triangulaire, un entablement brisé surmonté d'un arc semi-circulaire, principe sous-jacent à la fenêtre palladienne ou vénitienne, et la composition symétrique des façades.

L'avant-corps, ou une suggestion de ce dernier par l'association d'un portique au rez-de-chaussée et d'une grande fenêtre à l'étage, ne caractérise que les grandes maisons, souvent des manoirs, construites dans le style classique anglais. Le manoir Johnson, à Saint-Mathias-sur-Richelieu, en est un bel exemple. Dans l'architecture vernaculaire, l'avant-corps est généralement absent.

Que reste-t-il donc du palladien dans l'architecture vernaculaire ? Peu de chose, à vrai dire. Son vocabulaire ornemental se résume à ces grandes fenêtres palladiennes, dites aussi vénitiennes, aménagées dans la façade ou dans les grandes lucarnes, ainsi qu'à ces portes principales flanquées de fenêtres latérales en hauteur ou surmontées d'un fronton. On trouve ces apports indistinctement sur les maisons modestes

L'apparition du classicisme anglais se fait, dans une première étape, par le palladien, une adaptation des principes de l'architecte italien Palladio à l'architecture anglaise. Ce style est ensuite introduit dans la vallée du Saint-Laurent par les ingénieurs britanniques. Contrairement aux édifices publics, où ce style s'exprime plus franchement et avec plus de détails, la maison n'en adopte que les principes essentiels : ordonnance des ouvertures (disposition régulière dans un axe horizontal) et symétrie des ouvertures (disposition identique par rapport à un axe central), introduction de l'arc cintré au-dessus de la porte principale ou d'une fenêtre centrale, chaînages de pierre aux angles de la façade. Le volume général de la maison compte habituellement deux étages, coiffés d'un toit à deux versants de pente faible comportant de grandes croupes aux extrémités, comme dans cette maison construite vers 1821 par des marchands de la région de Saint-Mathias-sur-Richelieu.

1. Toit à croupes basses
2. Croupe
3. Corniche simple
4. Fenêtre à petits carreaux (comme ici) ou fenêtre à guillotine (georgienne)
5. Chaînages de pierre aux angles
6. Entrée principale dont la partie supérieure est cintrée
7. Soupiraux alignés par rapport aux ouvertures des étages supérieurs
8. Solage exhaussé
9. Ordonnance des ouvertures
10. Symétrie des ouvertures

LA FENÊTRE VÉNITIENNE, UN ENGOUEMENT NOUVEAU

Conçue par l'architecte italien Andrea Palladio, la fenêtre vénitienne est construite sur le principe d'un entablement interrompu par un arc semi-circulaire. Des architectes anglais la popularisent en Angleterre, et les ingénieurs britanniques l'introduisent au Canada. Dans l'architecture vernaculaire, on s'inspire librement du principe de l'entablement interrompu pour concevoir des fenêtres dites « palladiennes », formées d'une baie centrale au sommet cintré et de baies latérales rectangulaires. On note leur présence à partir du début du XIXe siècle jusque dans la première moitié du XXe siècle avec de légères variantes de forme, au gré de l'imagination des artisans locaux. La popularité des fenêtres dites « palladiennes » ne se démentira jamais. Elle persiste même encore aujourd'hui.

1. Arc semi-circulaire de la fenêtre vénitienne conçue par Palladio
2. Entablement
3. Fenêtres vénitiennes de Chiswick, en banlieue de Londres (Angleterre)
4. Exemples de fenêtres retrouvés dans l'architecture vernaculaire du Québec

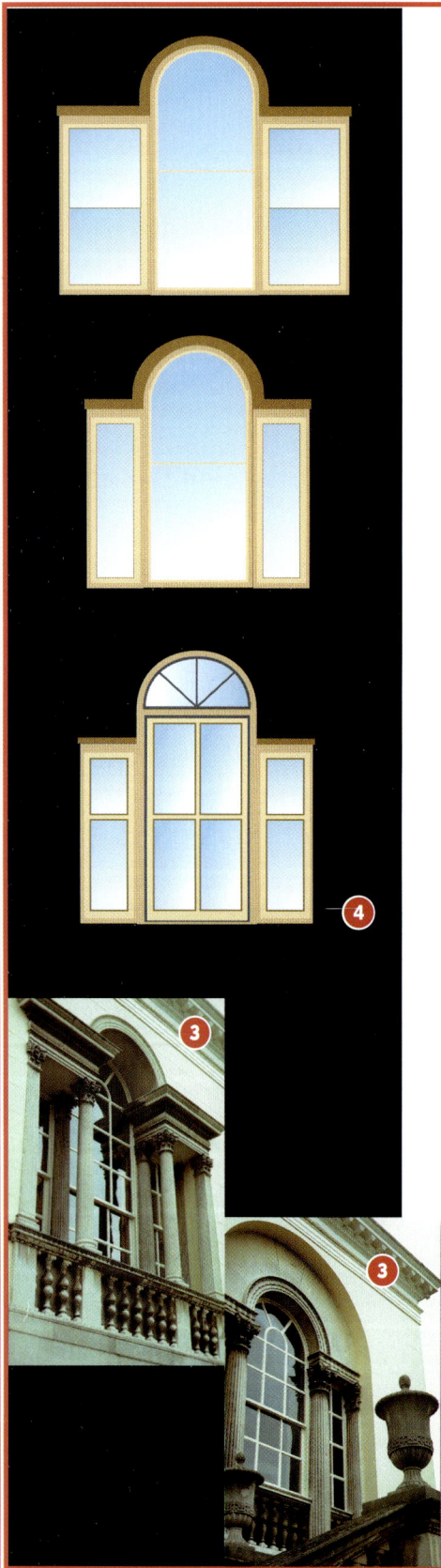

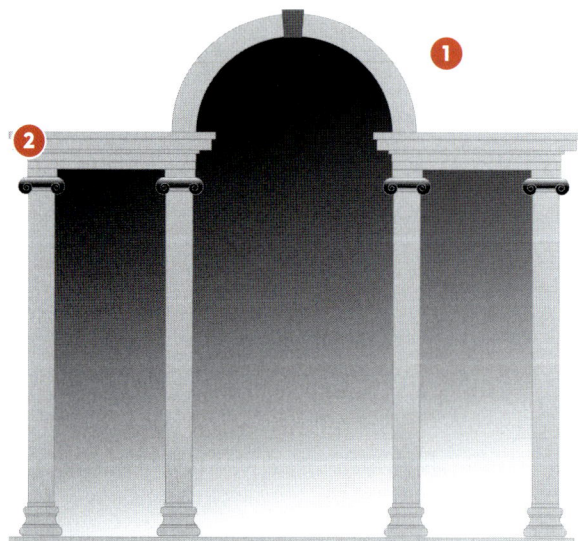

BAIES

et sur les constructions bourgeoises. Le style palladien semble, par ailleurs, être le premier à proposer une réorganisation des ouvertures de la maison vernaculaire, où la symétrie est érigée en qualité esthétique de premier ordre.

La popularité du style palladien au Bas-Canada ne s'étendra pas beaucoup au-delà des années 1830. Les quelques résidences de ce style sur le territoire québécois se concentrent dans des localités qui ont accueilli une immigration anglo-saxonne entre la Conquête et le début du XIXᵉ siècle, tandis que ses divers apports ornementaux ont connu une certaine popularité dans toute la vallée du Saint-Laurent au cours du XIXᵉ siècle. On trouve une concentration de maisons de style palladien autour du bassin de Chambly, à Chambly même (maison Charles-Michel de Salaberry) et à Saint-Mathias-sur-Richelieu (notamment le manoir Johnson).

À Chambly, la maison Charles-Michel de Salaberry, majestueuse construction de 1814-1815, est érigée pour le héros de la bataille de Châteauguay, Charles-Michel d'Irumberry de Salaberry (1778-1829), dans le style palladien. Le portique central à deux étages n'est pas d'origine.

Le manoir Couillard-de-l'Espinay à Montmagny est construit en 1814 pour le notable du même nom. La forme de son toit, la distribution symétrique de ses ouvertures, la partie supérieure cintrée de sa porte principale et la présence de baies latérales dans la porte principale le rattachent au style palladien.

🅡 Originaire d'Écosse, le marchand John Yule émigre au Québec à la fin du XVIIIe siècle et signe en avril 1816 un marché avec le maçon Pierre Gagner pour la construction de cette résidence de deux étages située rue Richelieu, à Chambly. La façade arrière, en moellons équarris, conserve ses fenêtres georgiennes typiques à guillotine et, au milieu de sa lucarne-pignon, une fenêtre d'inspiration palladienne.

🅒 La maison Guertin, à Belœil, vraisemblablement construite au début du XIXe siècle, porte encore les traces du classicisme anglais. Cela se voit entre autres dans ses proportions générales, la disposition symétrique de ses ouvertures et de ses cheminées, ainsi que dans la présence d'une grande lucarne-pignon en façade. Et ce, malgré les modifications qu'elle a subies au cours des âges.

UNE GRANDE VOGUE, LE NÉOCLASSICISME
(Vers 1810 jusqu'à la fin du XIXe siècle)

Contrairement au style palladien, le néoclassicisme ne s'embarrasse pas de bouleverser les traditions. Il apparaît en Europe dans la seconde moitié du XVIIIe siècle, à l'époque où ont lieu les premières fouilles et études archéologiques en Grèce et en Italie. Ce style s'inscrit dans la foulée des mouvements prônant le retour à l'Antiquité pour élaborer une architecture qui réponde aux besoins de l'époque. À cet égard, il est empreint du romantisme dans lequel baignent plusieurs styles caractéristiques du XIXe siècle. On redécouvre avec plaisir le vocabulaire et la composition antiques, plus simples et plus dépouillés que ce que l'on avait connu dans les modèles inspirés de la Renaissance.

Au début du XIXe siècle, le style se répand au Canada et au Québec avec l'arrivée d'architectes et d'entrepreneurs britanniques qui contribuent à le faire connaître à travers leurs réalisations sur le territoire. Des architectes francophones, comme Charles Baillairgé, à Québec, adoptent le style. La circulation de traités d'époque contribue, elle aussi, à sa propagation. C'est ainsi que l'arrivée au pays d'entrepreneurs britanniques vient transformer les façons de construire.

Le néoclassicisme fait donc son apparition chez nous dans les années 1810, à une époque où les techniques de construction françaises se modifient et se simplifient à plusieurs égards, un trait que l'on observe notamment dans les charpentes, plus légères et moins complexes. Les entrepreneurs québécois introduisent dans l'architecture vernaculaire des éléments et des principes appartenant à ce style, lesquels se résument pour l'essentiel à la symétrie d'ensemble et aux éléments décoratifs appliqués aux modèles traditionnels.

Comment le reconnaître ?

Les répercussions de l'apparition du style néoclassique sur l'architecture vernaculaire sont considérables. Ce dernier se caractérise par la symétrie de la composition, des proportions plutôt horizontales, des toits accusant une pente moyenne, et l'utilisation du vocabulaire classique, c'est-à-dire la présence des ordres antiques, principalement l'ordre dorique. L'architecture vernaculaire s'agrémente ainsi, entre autres, de frontons triangulaires, de larges corniches moulurées et de modillons.

Dans l'architecture populaire, l'influence classique se traduit d'abord par une organisation symétrique des éléments de la maison. Celle-ci se répartit sur trois étages : la cave exhaussée, ou soubassement, l'étage principal et l'étage des combles. Un escalier central mène à la galerie

Symétrie des ouvertures en façade

Cette maison de 1823 illustre bien la transition qui s'opère entre le XVIIIe siècle et le XIXe siècle. L'exhaussement de l'étage principal et celui de la cave sont marqués. De plus, le courant Pittoresque introduit l'avant-toit courbé (ici, seulement en façade avant), résultat d'un changement de goût et d'esthétique architecturale. Quant au classicisme, il apporte symétrie et ordonnance des éléments architecturaux : symétrie des ouvertures en façade (une porte centrale et deux fenêtres de part et d'autre), symétrie des lucarnes et des cheminées et disposition symétrique des fenêtres latérales avec réduction progressive des dimensions vers le haut, en partant du rez-de-chaussée.

1. Fenêtres à battants comportant de petits carreaux, graduellement remplacés au XIXe siècle par des fenêtres à grands carreaux
2. Exhaussement de la cave et de l'étage principal
3. Maçonnerie de gros moellons grossièrement équarris
4. Petite lucarne au toit en forme de capucine (ou à croupe)
5. Versant avant comportant un avant-toit courbé et fermeture d'avant-toit
6. Versant de toit moyennement pentu
7. Présence de soupiraux

aménagée à l'étage principal et à une porte centrale flanquée d'une, deux ou, moins souvent, trois fenêtres. Les soupiraux de la cave sont disposés symétriquement, et les lucarnes sont alignées en fonction des ouvertures du rez-de-chaussée. Une souche de cheminée dans chaque mur-pignon encadre harmonieusement l'ensemble. Le mur-pignon trahit souvent un souci classique analogue à celui qui impose aux ouvertures des différents étages un arrangement pyramidal. Dans certaines maisons, l'une des deux cheminées est fausse, répondant à des impératifs purement esthétiques. À cette influence classique se superpose celle du courant Pittoresque, sur lequel nous reviendrons plus loin, qui est responsable de l'allongement progressif du bas du toit pour former un avant-toit courbé.

Le décor des maisons consiste surtout en éléments appliqués qui reprennent le vocabulaire de l'Antiquité classique : socle, pilastre, chapiteau, entablement et fronton. On installe des chambranles autour des ouvertures et des planches cornières aux angles du bâtiment, qu'il soit en bois, en brique ou en pierre. Dans certaines régions où la pierre calcaire abonde, notamment l'île Jésus et la région de Portneuf, de simples moellons irréguliers composent la façade des maisons ordinaires, alors que les maisons plus cossues font appel au moellon grossièrement équarri et même à des chaînages de pierre de taille aux coins.

Dans une dernière étape du développement du néoclassicisme, certains architectes puisent essentiellement dans l'architecture grecque, qu'ils considèrent comme plus pure et plus dépouillée que celle des Romains. On emprunte alors à l'Antiquité grecque le grand fronton triangulaire typique et les colonnes doriques des temples helléniques. L'architecture vernaculaire compte désormais des bâtiments en forme de temple grec, c'est-à-dire des constructions de plan rectangulaire coiffées d'un toit à deux versants, dont la façade et la porte principale sont localisées sur le mur-pignon. Le retour de corniche sur plusieurs bâtiments de cette période constitue pour plusieurs un autre rappel du style des temples grecs. Cette phase du néoclassicisme est considérée par certains spécialistes comme un style à part, qualifié de néogrec ou Greek Revival.

Le style néoclassique est l'un des plus communs qui soient ; les maisons qui s'y rattachent parsèment l'ensemble du territoire québécois. Il restera populaire jusqu'à la fin du XIXe siècle, et son influence sur l'organisation des éléments architecturaux, sur leur ordonnance et sur leur localisation sur le bâtiment demeurera latente jusqu'au début du XXe siècle.

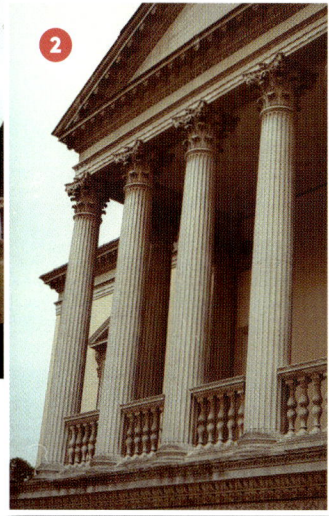

LES ORDRES ANTIQUES, BASE DU VOCABULAIRE DÉCORATIF

Aux ordres grecs dorique, ionique et corinthien, les Romains ont ajouté un ordre très sobre, le toscan, et un ordre plutôt recherché, le composite. Les ordres dorique et ionique ont la faveur des artisans, entrepreneurs et architectes de la période néoclassique. C'est habituellement de part et d'autre de la porte principale qu'on les reconnaît.

L'influence classique passe d'abord par l'Angleterre où des architectes anglais l'assimilent. Le Queen's House, par exemple, est construit entre 1616 et 1635 et conçu par Inigo Jones, un architecte anglais qui, à son retour d'Italie, s'inspire de la Renaissance italienne et des réalisations architecturales de l'une de ses figures éminentes, l'architecte Palladio. Mais ce n'est qu'avec l'engouement pour Palladio au XVIIIe siècle que cet édifice influencera vraiment les architectes britanniques et, par conséquent, l'architecture du Bas-Canada.

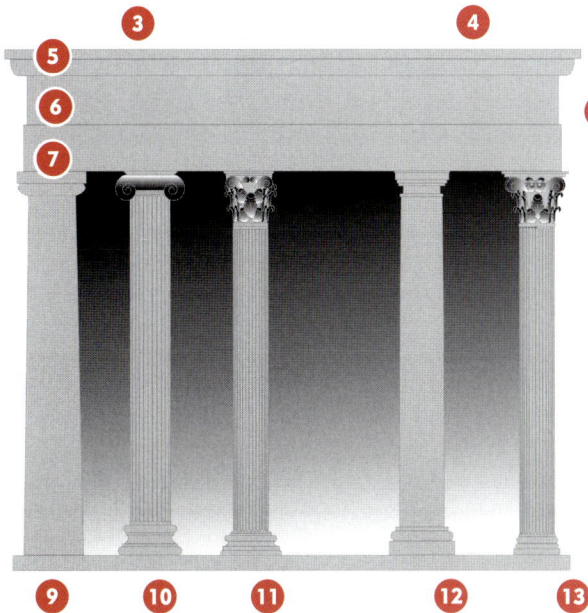

1. Le Queen's House, à Londres
2. Le portique central de Chiswick House, en banlieue de Londres
3. Les ordres grecs
4. Les ordres romains
5. La corniche
6. La frise
7. L'architrave
8. L'entablement
9. L'ordre dorique
10. L'ordre ionique
11. L'ordre corinthien
12. L'ordre toscan
13. L'ordre composite

DÉCOR

Cottage néoclassique à Saint-Jean, île d'Orléans. La composition d'ensemble est classique, mais le décor architectural appartient à une époque plus récente que la maison
et trahit des influences victoriennes, à l'exemple de la façade en brique réfractaire,
ajoutée postérieurement à la construction.

La maison Bouvier-Allard, à Lachenaie, construite au début du XIXe siècle, illustre
bien la transition entre la maison coloniale française du XVIIIe siècle et la maison néoclassique du XIXe siècle. Du XVIIIe siècle, elle conserve notamment une disposition
irrégulière des ouvertures en façade et des cordons décoratifs à ses cheminées. Du
XIXe siècle, plus particulièrement du Pittoresque, elle semble avoir adopté franchement la courbure de petits avant-toits.

La maison Pagé à Lotbinière, construite au début du XIXe siècle, témoigne de la
continuité de cette mode consistant à reproduire sur des modèles ruraux les murs
coupe-feu des maisons urbaines du XVIIIe siècle.

Creuset dans lequel fusionnent la tradition française, le classicisme anglais et l'esprit du Pittoresque, le cottage rustique du XIXe siècle, qualifié non sans fondement de « maison québécoise », représente un aboutissement architectural, comme en témoigne la maison Charles-Xavier-Larue, à Neuville, érigée en 1854. Le cottage rustique disparaît à toutes fins pratiques dans la seconde moitié du XIXe siècle.

🔴 Toujours à Neuville, Édouard Larue, qui acquiert la seigneurie de Neuville vers 1832, fait construire cette belle grande demeure en 1834. La symétrie des cheminées, des lucarnes et des ouvertures en façade est frappante. La galerie, nouvel accessoire de la maison, apparaît au début du XIXe siècle, une influence du Pittoresque.

Une nouvelle silhouette, le volume classique anglais

Le classicisme anglais, qu'on appelle aussi style georgien, ne propose pas seulement un nouveau décor et un nouveau vocabulaire architectural, mais aussi un nouveau volume. Alors qu'on avait l'habitude, aux XVIIe et XVIIIe siècles, de volumes plutôt bas et profonds, ou étroits et en longueur, l'architecture classique anglaise répand dans le paysage architectural un nouveau gabarit, le rectangle à deux étages surmonté d'un toit à deux versants dont la pente varie de moyenne à faible. Le modèle déferle sur l'Ontario à la fin du XVIIIe siècle et au début du XIXe siècle. Au Québec, il s'épanouira tout au long du XIXe siècle et s'habillera de divers styles.

Le volume classique anglais à deux étages, qualifié de georgien chez nos voisins du Sud, se démarque par la rigueur générale de sa composition et la disposition symétrique de ses éléments architecturaux. On trouve une cheminée à chaque extrémité du toit, ce qui permet de chauffer plus facilement ce large volume de deux étages et demi. Dans cette maison de Cushing, de nouveaux traits architecturaux apparaissent : la fenêtre georgienne, à guillotine, les chaînages aux angles et, bien sûr, l'utilisation de l'ordre dorique autour des ouvertures.

La maison Desormeaux à Carillon,
une belle construction qui allie
brique et pierre de taille.

L'entrée en pierre taillée
est de conception dorique.

Le volume classique anglais demeure très populaire pendant tout le XIXe siècle et persiste même jusqu'au XXe siècle, alors qu'il inspire encore la conception de gros cottages.

Rare exemple d'un petit cottage d'influence anglaise où les ouvertures du demi-étage sont réduites, un peu selon le principe retrouvé dans les villas italiennes de Palladio.

À Dunham, ce modèle de maison d'aspect cossu illustre bien, encore une fois, le volume classique anglais avec sa disposition rigoureuse des éléments architecturaux, notamment les ouvertures en façade ainsi que sur le mur-pignon et le porche néoclassique.

La prolifération du cottage à deux versants typique du XIXe siècle

Au milieu du XIXe siècle, la plupart des maisons construites au Québec prennent la forme du cottage. Il s'agit d'une maison comportant un toit à deux versants, dont la façade possède une porte centrale flanquée de deux fenêtres ou, dans les modèles plus cossus, de quatre et même six fenêtres. À cette symétrie des ouvertures en façade, une caractéristique héritée du néoclassicisme, s'ajoute celle des lucarnes, le cas échéant, et des cheminées. Le cottage s'inscrit dans la tradition classique du XIXe siècle dont il retient principalement l'organisation des éléments architecturaux. Le décor demeure sobre, se résumant habituellement à des chambranles autour des ouvertures et à des planches cornières. L'intérieur se subdivise en trois étages : la cave, le rez-de-chaussée et les combles, partiellement habités. Ce modèle commun fait abondamment appel au bois sous toutes ses formes : murs de pièces ou de colombages, revêtement extérieur en planches horizontales ou verticales, ferme de toit composée de deux chevrons-arbalétriers et d'un faux-entrait, et versants de toit en planches recouvertes de bardeaux de bois.

Plusieurs étapes jalonnent en fait l'élaboration du cottage. Le palladien et le néoclassicisme lui lèguent l'organisation symétrique des éléments architecturaux et le rehaussement du solage, tandis que le courant Pittoresque serait à l'origine du prolongement courbé des versants du toit, d'où le qualificatif de cottage rustique que certains lui accolent. La

Le cottage à deux versants à avant-toit courbé, appelé parfois « maison québécoise », parfois cottage rustique, a littéralement envahi la vallée du Saint-Laurent à partir du début du XIXe siècle.

région de Portneuf, entre Neuville et Deschambault, se caractérise à cet égard par une séquence évolutive quasi idéale : prolongement du versant avant vers 1815-1820, suivi d'un prolongement avant et arrière dans les années 1820-1830 ; mise en place de pilastres classiques aux coins du bâtiment, reliés à l'avant-toit, puis vers 1840-1850, disparition de cet avant-toit courbé au profit d'un avant-toit droit avec ou sans retour de corniche, résultat de la phase néogrecque du classicisme.

L'apparition d'un nouveau modèle ne suppose pas obligatoirement la disparition du précédent. Ainsi, la maison coiffée d'un avant-toit courbé, dite « maison québécoise », un prolongement de la maison traditionnelle du XVIIIe siècle, reste présente jusque dans la seconde moitié du XIXe siècle. Toutefois, la faible hauteur de son carré, alliée à une pente de toit faible ou moyenne, constitue un désavantage en limitant l'espace disponible dans les combles.

À l'inverse, la maison à versants droits, qu'elle présente ou non ce retour de corniche inspiré du style néogrec, a la forme d'un carré plus haut, une structure qui rend le demi-étage des combles nettement plus spacieux. Ce cottage à deux versants droits apparaît au milieu du XIXe siècle et demeure une silhouette familière jusqu'au XXe siècle, sous des dehors qui varient peu. On en trouve des spécimens dans toutes les régions du Québec, où il se mêle aux premiers foyers de peuplement de la vallée du Saint-Laurent, profitant même des débordements géographiques occasionnés par une forte natalité pour envahir littéralement les nouvelles régions de colonisation.

Le long de l'avenue Royale entre Québec et Beauport, le cottage à deux versants a jadis entièrement dominé le paysage villageois.

La maison vernaculaire n'a aucun scrupule à emprunter des éléments de décor qui lui donneront un statut singulier. Ici, la fenêtre palladienne orne une grande-lucarne centrale.

◗ Le cottage rustique, dans sa version en bois, se présente généralement en pièce sur pièce, avec un recouvrement de planches verticales.

La version plus cossue du cottage à deux versants comporte cinq ouvertures en façade. Ici, un décor néoclassique rehausse l'apparence générale.

⊙ Dans le Bas-Saint-Laurent, notamment à Rivière-Ouelle, à Saint-Denis-de-la-Bouteillerie, à Kamouraska, à Saint-André-de-Kamouraska, et même dans le village de L'Isle-Verte, on peut admirer ce modèle de grosse maison bourgeoise au décor néoclassique construite au XIXe siècle pour de prospères marchands ou pour des notables.

⊙ Certaines maisons comportent une sorte de demi-sous-sol relativement élevé, lui-même prenant appui sur un solage en maçonnerie.

Dans un rang d'arrière-pays du comté de Lotbinière, cette maison de bois se distingue par des éléments inusités dont sa grande lucarne-pignon à l'avant, ses chambranles victoriens et son revêtement de bardeau décoratif.

Voici deux autres exemples de ces magnifiques résidences bourgeoises d'esprit néo-classique, construites au XIXe siècle pour une clientèle plus aisée. En haut à gauche, maison rattachée au domaine Taché, à Kamouraska. En bas à gauche, maison à Saint-André-de-Kamouraska.

Maison bourgeoise de village du début du XIXe siècle, située à Neuville, dans Portneuf

Résidence bourgeoise d'esprit néoclassique, à Rivière-Ouelle (maison natale de Jean-Charles Chapais, un des Pères de la Confédération)

Le cottage à versants droits

Le cottage à versants droits, dont le carré de base est plus haut que celui de la maison dite « québécoise » du début du XIXe siècle, se répand rapidement sur l'ensemble du territoire québécois et devient la silhouette familière de la seconde moitié du XIXe siècle.

Habituellement, dans le modèle de cottage à toit à versants droits, la hauteur du mur entre le plancher du rez-de-chaussée et l'avant-toit est sensiblement plus grande que celle du cottage rustique, ce qui a pour effet de donner un peu plus de dégagement vertical au demi-étage des combles et de les rendre ainsi un peu plus spacieux.

S'adaptant à toutes les régions, ce modèle n'hésite pas à faire siennes des caractéristiques régionales. Ici, par exemple, on remarque la présence d'une grande-lucarne centrale comme on en trouve sur plusieurs maisons néoclassiques de Deschambault.

🔄 Le cottage à versants droits traverse aisément le cap du XXe siècle, période où il semble devenir la norme générale dans la construction des petites maisons. Sa silhouette est omniprésente sur le territoire québécois.

🔄 Dans certains modèles, l'avancée du toit au-delà du nu du mur est marquée. Ce modèle de cottage intègre bien les principes classiques de symétrie.

En Beauce, le faux paraît mieux!

Plusieurs maisons de la Beauce arborent ce qu'il est aujourd'hui convenu d'appeler de fausses cheminées. Il s'agit en fait de structures de bois érigées au sommet des murs-pignons, imitant une souche de cheminée. On distingue aisément leur intérieur vide au premier regard. Ces fausses souches de cheminée ne sont que décoratives. Leur présence à chaque extrémité du toit assure une belle symétrie à ces maisons, dans l'esprit du néoclassicisme propre au XIXe siècle.

L'élément sans doute le plus étonnant, dans ce type de maison, est la fermeture d'avant-toit cintrée que l'on remarque sur plusieurs spécimens, à l'exemple de ces maisons du Bas-Saint-Laurent qui ont tellement fait parler d'elles à cause de cette caractéristique prétendument attribuée à des constructeurs de navires désireux de reproduire les formes courbes qui leur étaient familières. Il s'agit là en fait d'une recherche esthétique dont on peut voir la matérialisation dans de nombreuses constructions aux environs de Sainte-Marie et de Saint-Elzéar, en Beauce.

⭕ Une fermeture d'avant-toit cintrée accompagne souvent la fausse cheminée. Ici, elle est reliée à des planches cornières suggérant un pilastre.

Cette maison située en Beauce possède deux fausses cheminées.

Alors que la présence de fermeture d'avant-toit cintrée était souvent considérée comme un trait propre à l'architecture du Bas-Saint-Laurent, ces exemples beaucerons, associés de surcroît à de fausses cheminées, démontrent le contraire. Ils témoignent plutôt d'un dénominateur propre à ces deux traits, la recherche de l'effet esthétique. La véritable cheminée est au centre de la maison, sans doute reliée à un système de chauffage au bois. Les fausses cheminées rappellent les maisons rurales de la fin du XVIIIe siècle et du début du XIXe siècle, alors dotées de cheminées fonctionnelles dans les murs-pignons.

Un modèle du Haut-Richelieu

On rencontre des maisons de pierre grise au toit à deux versants droits, sans égout, particulièrement dans la région située à l'ouest du lac Champlain, autour de Saint-Jean-sur-Richelieu, Saint-Blaise, Napierville, Rockburn et Covey Hill. Ces constructions massives aux versants de toit relativement inclinés — généralement des maisons de ferme dénotant une certaine aisance —, offrent une symétrie des ouvertures qui les rattache au courant néoclassique anglais du XIXᵉ siècle. Elles sont disséminées dans les rangs et les chemins à proximité de la frontière américaine.

Maison de pierre dans la région de Covey Hill : un carré trapu, droit, sans fruit aux murs, avec deux petites cheminées de pierre disposées symétriquement dans les murs-pignons. Rigueur et fonctionnalité dans la simplicité même de ce type influencé par le classicisme anglais.

Dans ce modèle aux mêmes traits de personnalité que ceux mentionnés dans l'exemple précédent, des cheminées doubles et des chaînages de pierre taillée aux angles des murs de la façade avant trahissent le statut social plus élevé de son propriétaire constructeur.

Le modèle du Haut-Richelieu comporte soit une porte principale simple, soit une porte néoclassique, avec imposte vitrée et baies latérales, comme c'est le cas ici.

De côté, le modèle révèle sa simplicité et sa compacité. Rien de superflu dans la conception de cette maison vernaculaire.

Apparition du cottage en brique vers 1840

La brique fait son apparition dans la construction domiciliaire au cours des années 1840. Sa présence timide se manifeste d'abord dans les anciens comtés de Beauharnois, de Huntingdon, de Missisquoi, de Richelieu, de Rouville, de Saint-Hyacinthe, de Shefford, de Stanstead, de Chambly, et dans l'axe Saint-André – Lachute, dans le comté de Deux-Montagnes. L'utilisation de ce matériau se répand ensuite graduellement jusqu'à ce qu'il occupe une place de plus en plus importante dans le paysage construit. À la fin du XIXe siècle, la maison en brique a acquis une grande popularité dans toutes les villes et les agglomérations du sud de la province, de même qu'à Québec. Le cottage rural québécois, qui emprunte abondamment au classicisme, adopte et utilise largement ce nouveau matériau.

Cottage en brique dans la région de Lotbinière

La maison vernaculaire tire profit des ressources locales. Ici, une maison en brique d'esprit classique utilise la pierre calcaire de Saint-Marc-des-Carrières pour souligner le pourtour de ses ouvertures et les angles de sa façade.

🡅 Dans Charlevoix, pays dominé par le bois, quelques cottages en brique ont été construits au XIXᵉ siècle.

🡄 Sur les pentes de la région de Sutton, on aperçoit ici et là des cottages en brique rattachés à la tradition classique anglaise du XIXᵉ siècle par les proportions, la symétrie des ouvertures et la présence de versants de toit droits.

Petit cottage en brique d'influence classique dans le comté de Brome-Missisquoi. La porte principale est flanquée de baies latérales, et les fenêtres présentent la fenêtre à guillotine typique de l'architecture classique anglaise de cette période.

Les grandes-lucarnes néoclassiques de Deschambault

Les toitures du village de Deschambault, dans Portneuf, sont souvent agrémentées de grandes-lucarnes classiques typiquement placées au centre de la maison. Quelquefois seules, quelquefois flanquées de lucarnes plus petites, elles rehaussent l'apparence des habitations. Il s'agit là d'un apport représentatif de la vague néoclassique qui a déferlé sur le Québec au milieu du XIXe siècle.

Grande-lucarne à deux baies, à fronton triangulaire

Grande-lucarne à deux baies, à fronton à base interrompue

Grande-lucarne percée de trois baies, à fronton triangulaire à base interrompue. La maison vernaculaire, tout en se référant à la grande architecture, a aussi un côté pratique.

Grande-lucarne à deux baies. Dans l'exemple que l'on voit ici, trois pilastres supportent un fronton triangulaire.

Les porches néoclassiques
de Saint-Michel-de-Bellechasse

La municipalité de Saint-Michel-de-Bellechasse se distingue par ses porches d'entrée néoclassiques. On les reconnaît à leur conception empruntant à l'ordre dorique, qui met en présence les éléments habituels de l'architecture classique : fronton triangulaire reposant sur un entablement, cette structure étant elle-même supportée par des colonnes ou des pilastres.

Porche surmonté d'un balconnet

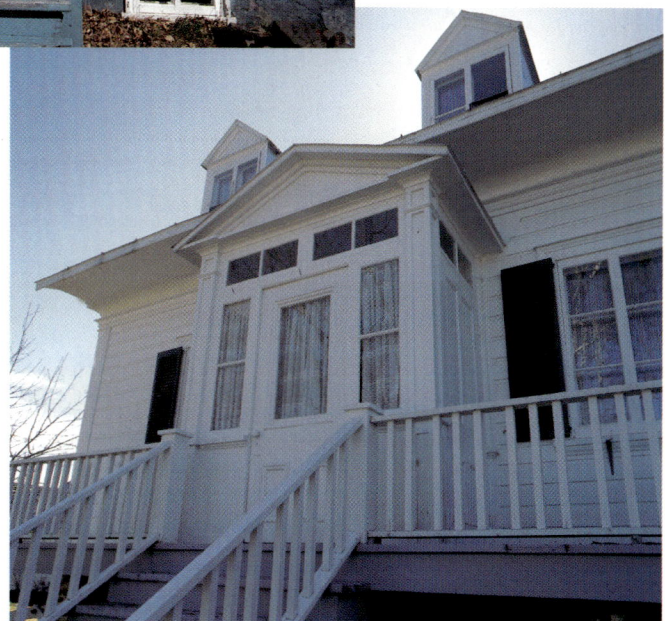

Porche où l'on peut remarquer une porte néoclassique avec imposte vitrée et baies latérales.

Porche où l'on voit une porte néoclassique avec imposte vitrée et baies latérales. Entre le fronton lui-même et le sommet des quatre pilastres, on note l'évocation d'un entablement.

Porche vitré à double porte

Porche au fronton triangulaire comportant de larges denticules décoratifs

Porche sur deux étages où l'on remarque une superposition des ordres antiques.

Porche sur deux étages avec large fenestration dans la partie supérieure. L'accent décoratif a été mis sur le premier étage.

Le souffle victorien a quelque peu réinterprété ici les ordres antiques de ce porche sur deux étages.

La maison Hugh Proudfoot, du nom du député fédéral qui l'occupa de 1939 à 1981, fut construite par la famille Bryson. Les arcs surbaissés qui couronnent les lucarnes comme la porte principale, la présence d'une logette à l'étage et les baies en saillie au rez-de-chaussée dénotent une influence italienne.

Grandes demeures néoclassiques à Fort-Coulonge

Fort-Coulonge! Encore un nom français. Cette municipalité de l'Outaouais doit son existence et son nom à l'érection d'un fort. En effet, en 1784, la Compagnie du Nord-Ouest fait construire à cet endroit un ouvrage de défense auquel elle donne le nom de Fort Coulonge en souvenir d'un officier français, Nicolas d'Ailleboust de Manthet, sieur de Coulonge, qui hiverna dans la région en 1694. Mais c'est beaucoup plus tard, au milieu du XIXe siècle, que l'industrie du bois vient marquer le développement local et, par le fait même, le paysage architectural de la région. George Bryson y construit un moulin à scie en 1843, ce qui entraîne l'installation de nombreux colons. De vastes résidences en pierre sont alors érigées, signe évident de la présence de grands bourgeois dans le secteur.

La maison du Dr Rabb, construite par George Bryson pour sa fille Jennie

La maison Spruce Holme-Toller, construite au début du XIXe siècle pour George Bryson, fils

Maison de colon dans Charlevoix. L'examen de la structure des murs démontre qu'elle fut sans doute allongée.

La maison du colon

Dès les débuts de la colonisation de la vallée du Saint-Laurent par les Européens, les habitants se sont abrités dans toutes sortes de maisons dont la forme, les matériaux et le plan ont varié considérablement dans le temps et dans l'espace. À cause de son abondance et de son faible coût, le bois est devenu le dénominateur commun de la construction d'habitations en terre de colonisation.

Au milieu du XIXe siècle, le procédé de construction le plus répandu est le billot empilé à l'horizontale, suivi de loin par le pièce sur pièce. La maison de colonisation, entendue ici au sens de première maison d'établissement, adopte des formes diverses selon la région, la période et les procédés de construction utilisés. Les premières maisons d'établissement sont des carrés de bois rond ou de pièces surmontés d'une couverture faite de matériaux sommaires comme l'écorce ou la dosse, appelée communément croûte de bois.

Dans la seconde moitié du XIXe siècle et au début du XXe siècle, on rencontre ces maisons, quelquefois plus proches de l'abri, dans toutes les localités et régions de colonisation, et à proximité des sites d'exploitation forestière, notamment dans l'Outaouais et la Mauricie. En Abitibi, dans les années 1930, des maisons fonctionnelles en bois rond sont conçues sans aucun souci esthétique ni désir de se rattacher à une quelconque mode. Il s'agit d'un simple rectangle bas percé de quelques fenêtres et d'une porte, et protégé par un toit à faible pente recouvert de panneaux de tôle ou de croûtes de bois.

On a construit des maisons de colonisation dans toutes les régions du Québec, mais la majorité d'entre elles ont aujourd'hui disparu. Celles qui subsistent sont pour la plupart « déguisées », ayant subi plusieurs modifications ou ajouts postérieurs à la construction initiale. On en trouve donc rarement dans leur condition originale.

Au pays de l'Outaouais, royaume du bois équarri au début du XIXe siècle, une maison de colon en pièce sur pièce

HÉRITIÈRE DU TEMPLE GREC, LA MAISON AVEC FAÇADE SUR MUR-PIGNON
(Vers 1830 jusque vers la fin du XIXᵉ siècle)

Une maison dont l'entrée principale est aménagée sur le mur le plus petit ? À première vue, cette particularité revêt peu d'importance, et pourtant… Les maisons dont nous avons traité jusqu'à maintenant partageaient un trait commun : la façade occupait le mur le plus long, soit le mur gouttereau. Pourquoi, au XIXᵉ siècle, voit-on tout à coup apparaître des maisons dont la façade se trouve sur le mur-pignon et, de surcroît, face à la rue ?

Il faut remonter au néoclassicisme pour en trouver la raison. Des architectes adeptes de ce style empruntent alors au temple grec sa façade aux colonnes doriques surmontées d'un grand fronton triangulaire. L'architecture vernaculaire ne retient que l'essentiel de cette mode néogrecque : une façade sur le mur-pignon. Habituellement, les coins arboreront une planche cornière ou, mieux, un simple pilastre appliqué. Un petit retour de corniche de toit rappellera occasionnellement cette filiation au temple hellénique et donnera à l'ensemble l'apparence d'un grand fronton à base interrompue.

Aux États-Unis, le style néogrec est popularisé notamment par Minard Lafever, dont le *Modern Builder's Guide* paraît en 1833. Ce style connaît une grande ferveur en Nouvelle-Angleterre dans les années 1830 et 1840. Le modèle du cottage dont la façade est sur le mur-pignon est présenté dans *Village and Farm Cottages* de H. W. Cleveland et William et Samuel D. Backus, publié en 1856, ainsi que dans l'ouvrage de Calvert Vaux et F. S. Withers, *Villas and Cottages*, paru en 1864.

Au Québec, c'est dans les Cantons-de-l'Est qu'apparaissent les premiers modèles de ce type. Dans les grandes pages du *Illustrated Atlas of the Eastern Townships and South Western Quebec*, publié en 1881, la firme H. Belden en présente plusieurs sous forme de dessins. À la fin du XIXᵉ siècle et au début du siècle suivant, ce concept sera complètement assimilé par l'architecture vernaculaire industrielle et perdra sa signification d'origine.

Comment la reconnaître ?

La façade des maisons de style néogrec n'imite pas toujours un temple grec. Elle n'est pas non plus toujours située sur le mur-pignon. Il faut donc prêter attention à divers détails pour identifier avec certitude l'influence de ce style. Par exemple, les bordures du toit se terminent par de larges corniches moulurées représentant la frise et l'architrave de

Cet exemple illustre l'essence même de la maison de style néogrec dans sa version la plus complète. Mais les exemples de maisons de style néogrec comme celles-ci sont rares au Québec. Il nous reste plutôt des modèles vernaculaires simplifiés où, la plupart du temps, le fronton triangulaire n'est que suggéré, et la colonnade remplacée par des pilastres de coin.

1. Fronton triangulaire
2. Fenêtre en demi-cercle
3. Entablement formé de la corniche (en haut), de la frise (au milieu) et de l'architrave (en bas) formant l'entablement classique grec
4. Colonne dorique
5. Porte principale avec imposte vitrée et baies latérales
6. Chambranle de porte reprenant l'ordre dorique, avec fronton triangulaire au sommet
7. Fenêtre georgienne

l'entablement classique. La présence d'un porche dorique en façade, à condition qu'il soit d'origine, constitue un indice supplémentaire. Enfin, les retours de corniche sur les murs-pignons trahissent également l'influence du style néogrec.

Un propriétaire désireux de se construire dans le style néogrec ne se devait pas obligatoirement de reprendre la colonnade du temple grec en façade surmontée d'un grand fronton triangulaire. Les artisans de l'époque, et même les livres de modèles architecturaux, proposaient une solution bien plus simple, plus économique, où les références à l'Antiquité grecque sont réduites à leur plus simple expression. On retrouve ainsi dans cette version vernaculaire la formule économique : façade placée sur le mur-pignon et corniche de toit faisant office de grand fronton à base interrompue, histoire d'évoquer le fronton triangulaire… Un porche sur colonnes doriques et un triangle dans le pignon complètent souvent le tout. Ces trois exemples montrent différentes versions simplifiées inspirées de ce style.

Cette maison de Deschambault — comportant une large corniche de toit faisant office de grand fronton à base interrompue sur le mur-pignon, de même qu'une grande-lucarne à fronton triangulaire percée d'un orifice de ventilation triangulaire — dénote une influence néogrecque.

🡨 Petite maison d'influence néogrecque dans le comté de Brome-Missisquoi

🡨 L'influence néogrecque persiste jusqu'au début du XXe siècle où elle est récupérée dans des modèles vernaculaires standardisés.

INFLUENCE GRECQUE LE LONG DE LA RUE FRONT, À SAINT-GEORGES-DE-CLARENCEVILLE

À Saint-Georges-de-Clarenceville, en Montérégie, un alignement de maisons villageoises et de maisons de ferme de part et d'autre de la rue Front Nord forme un ensemble architectural remarquable. Construites en brique ou en bois, ces demeures présentent une belle variété de volumes à un étage et demi ou deux étages et demi. On peut parler ici d'une architecture vernaculaire d'influence américaine dont le vocabulaire décoratif puise principalement dans le néogrec (Greek Revival), tout en adoptant ici et là des teintes du Pittoresque.

Aux États-Unis, à la même époque, le statut d'indépendance récemment acquis incite les Américains à pencher vers une architecture qui exprime les idéaux à la base de la Révolution américaine. L'architecture de la Grèce, symbole de la démocratie, convient parfaitement à ce nouvel état d'esprit. On comprend ainsi pourquoi le Greek Revival dominera le paysage architectural durant toute la première moitié du XIXe siècle en Nouvelle-Angleterre, et pourquoi il trouvera une résonance particulière dans cette région frontière du Québec.

1. Maison vernaculaire tardive dont la façade est située sur le mur-pignon.
2. Autre exemple du même type
3. Maison vernaculaire d'influence américaine avec large corniche de toit faisant office de grand fronton à base interrompue

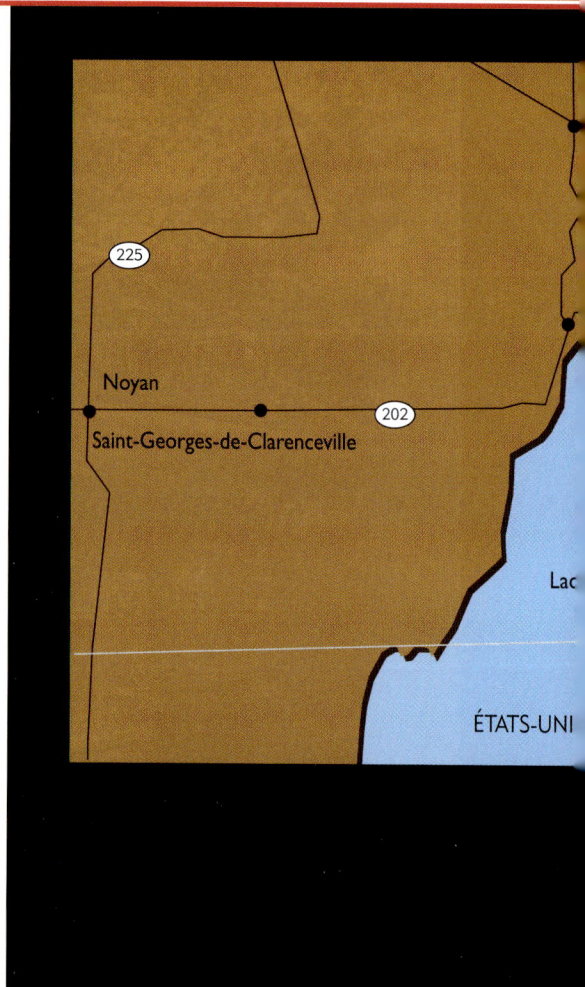

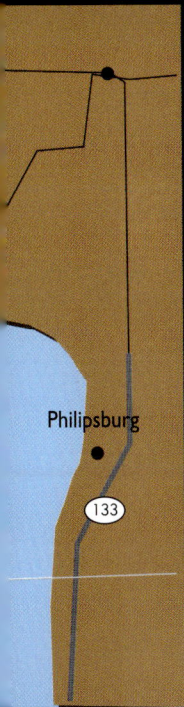

Philipsburg

133

INFLUENCE
GRECQUE... (suite)

5

4

6

4. Grande résidence en brique à deux
   étages, avec souches de cheminées
   simples et motif triangulaire décoratif
   dans le pignon
5. Dans ce modèle, la porte principale
   prend place sur le mur-pignon.
6. Autre grande résidence en brique
   avec fenêtre semi-circulaire dans le
   pignon

ENSEMBLES

Alignement de maisons
d'esprit américain,
à Georgeville

Les manifestations régionales du vernaculaire américain en bordure de la frontière canado-américaine

Dans la première moitié du XIXe siècle, bon nombre d'émigrants originaires des États-Unis s'installent à proximité de la frontière canado-
américaine, notamment dans les zones limitrophes de la rivière Richelieu et du lac Champlain. Le paysage bâti dégage dès lors une impression
d'*américanité* qui s'explique objectivement. Les maisons rurales sont souvent en retrait de la route, dissimulées sous un épais couvert végétal. Au
corps principal de certaines maisons se greffent de longues ailes formées
de plusieurs corps secondaires servant de remises ou d'ateliers. En outre,
on emprunte à la Nouvelle-Angleterre les formes et le vocabulaire architectural des maisons, de sorte que l'on rencontre dans cette zone fronta-
lière des modèles architecturaux que l'on ne trouve nulle part ailleurs au
Québec. Leurs premiers propriétaires étaient d'ailleurs, pour la plupart,
d'origine américaine.

Les premiers colons s'installent dans la région à partir de la fin du
XVIIIe siècle, mais la consolidation des hameaux et des villages s'effectue-
ra au cours des années 1830 à 1850.

La maison James C. Peasley est construite dans le style georgien américain, en vogue entre 1700 et 1830.

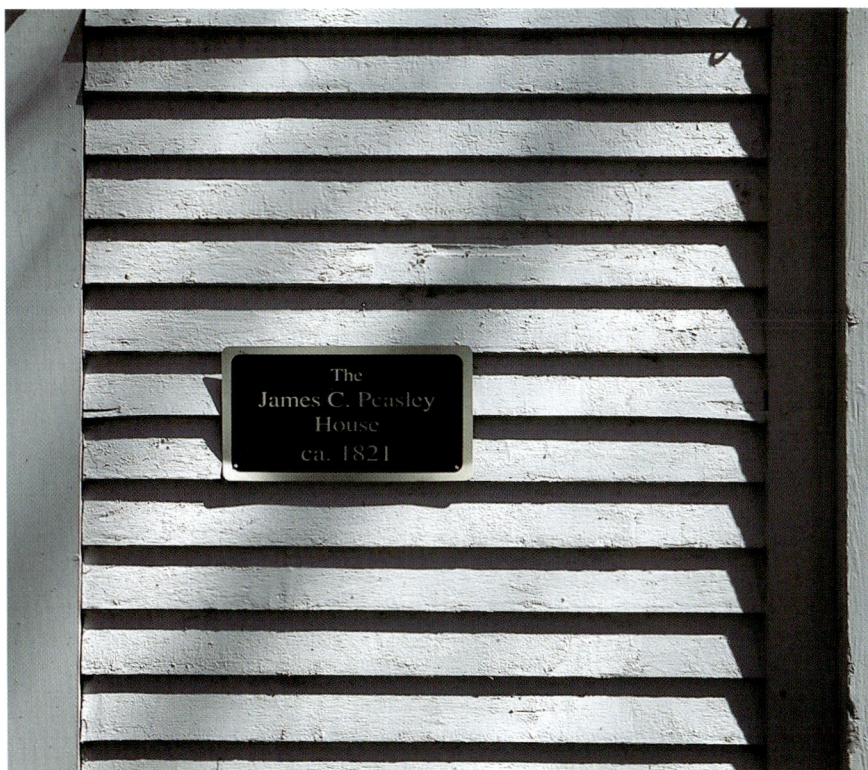

The
James C. Peasley
House
ca. 1821

Ses murs sont recouverts de petites planches qui se chevauchent.

À Georgeville dans les Cantons-de-l'Est, maison dans le style Adam américain (1780 à 1840 environ) caractérisée par sa porte principale surmontée d'une imposte vitrée en forme d'arc surbaissé

➦ La colonnade classique en façade évoque dans l'architecture américaine celle des temples grecs.

➡ Dans le sud du Québec près de Lacolle, de part et d'autre de la frontière canado-américaine, on retrouve ce modèle architectural typique de la Nouvelle-Angleterre. Ses traits marquants sont la forme du toit à deux versants droits à pente faible, le retour des corniches sur le mur-pignon, les châssis à guillotine de même que l'adjonction arrière en retour d'équerre.

Un autre modèle typique de la Nouvelle-Angleterre, cette fois dans le sud de la région de Brome-Missisquoi

Maisons avec loggia dans le sud du Québec

Peut-on parler d'un apport grec ? Peut-être faut-il voir en effet dans ces maisons dont la façade se trouve sur le mur-pignon et qui comportent à l'étage une sorte de loggia le désir d'évoquer l'architecture de la Grèce antique. La région des Cantons-de-l'Est compte quelques-uns de ces exemples. Il en existe aussi quelques échantillons dans le Haut-Saint-François (Eaton Corner) et dans Brome-Missisquoi (Hunter Mills).

La loggia est généralement considérée comme un apport de l'Antiquité classique. Avant de se retrouver dans l'architecture d'influence anglo-saxonne, elle est d'abord assimilée par la Renaissance italienne.

LE PITTORESQUE…
OU QUAND LA NATURE S'EN MÊLE
(Pendant tout le XIXᵉ siècle)

Les contraires s'attirent, dit-on. Peut-on appliquer cette maxime à deux courants esthétiques du début du XIXᵉ siècle, le classicisme et le Pittoresque ? Probablement. À tout le moins, nous sommes véritablement en présence de deux contraires, chacun étant caractérisé par son propre parcours.

En même temps que le néoclassicisme se déploie à la fin du XVIIIᵉ siècle et au début du XIXᵉ siècle, proposant une conception esthétique fondée sur l'interprétation rigoureuse de l'architecture de l'Antiquité classique, une idée contraire se fraye un chemin à travers les méandres de l'architecture de l'époque. Cette nouvelle conception esthétique voit le jour dans l'Angleterre du XVIIIᵉ siècle. Ses auteurs soutiennent que le beau ne consiste pas nécessairement dans le respect des proportions selon les ordres antiques, mais dans l'irrégularité des formes architecturales. Ils croient même à la dimension accessoire de la conception architecturale, l'essentiel étant d'intégrer le bâtiment à son environnement naturel. Ce dernier doit se fondre dans le décor.

Les sources d'inspiration du Pittoresque sont variées. La plupart des auteurs qui s'intéressent à la question mentionnent l'architecture de la campagne italienne, mais aussi le bungalow hindou et même l'architectonique chinoise. De ces deux dernières sources découlent, selon toute vraisemblance, les avant-toits prononcés et les vérandas, typiques du bungalow indien et des pagodes chinoises. Ces éléments architecturaux concourent à un même objectif : s'ouvrir sur la nature.

Il va sans dire que ces principes s'appliquent difficilement à l'architecture urbaine ou publique. Mais les maisons rurales, villageoises ou suburbaines, tout comme les villas, s'y prêtent bien dans la mesure où elles occupent un vaste terrain offrant suffisamment d'espace pour y aménager des jardins. À titre de grand centre administratif du Bas-Canada — étant par le fait même perméable aux influences anglaises —, la région de Québec connaît un véritable engouement pour ces villas et cottages. À Sillery, Beauport et Sainte-Foy, on peut encore y admirer la plupart des spécimens qui ont traversé le temps.

Le Pittoresque affectionne particulièrement la forme du cottage de style Régence qui sied à une résidence de campagne. Les principaux éléments du Pittoresque sont présents dans ce spécimen : construction à un étage, toit à versants qui se prolongent au-delà du nu du mur, pour former une sorte de galerie périphérique, ouverture de la galerie sur l'extérieur en communion avec l'environnement naturel, dégagement tout autour de l'édifice et présence d'aménagements végétaux.

1. Toit à deux versants avec croupes, à pente faible
2. Croupe de toit
3. Lucarne avec croupe
4. Galerie ouverte
5. Fenêtre à battants avec grands carreaux du XIXᵉ siècle
6. Porte centrale avec imposte vitrée et baies latérales
7. Le classicisme s'affirme ici dans la disposition symétrique de la porte, des fenêtres et des lucarnes.

Comment le reconnaître ?

Le Pittoresque se manifeste sous des formes diverses mais, dans un premier temps, c'est généralement le style néoclassique qui donne le ton. C'est ainsi qu'apparaît, vers 1830, un nouveau type de résidence importé au Québec par des officiers anglais soucieux de préserver un élément de la dernière mode britannique. Ces officiers contribuent à la création d'un modèle de bâtiment plutôt bas à un étage, coiffé d'un toit à croupes basses. Une large galerie fait tout le tour du carré d'habitation, dont la forme rappelle celle de temples ou de palais indiens. Chez nos voisins, on parle du Ontario Regency Cottage, ou cottage ontarien, dont il subsiste plusieurs exemples au Québec. D'autres parlent plus simplement du cottage Regency. On reproduira ce modèle tout au long du XIXe siècle, mais il empruntera différents décors au gré des modes.

La villa pittoresque, gros rectangle à deux étages au toit en pavillon, sera populaire surtout dans les années 1830 et 1840. On en connaît aussi une version plus dépouillée, non seulement sur le plan de l'ornementation, mais aussi en ce qui a trait à l'aménagement environnant. Quelle surprise de voir ces cottages surgir à l'occasion au milieu d'alignements serrés de maisons, arborant fièrement leurs deux étages !

Mariage de la nature et de l'architecture, le Pittoresque apporte une nouvelle façon de voir le bâtiment. Ce dernier devient un élément secondaire dans un paysage où la composition et l'harmonie doivent primer. À cet égard, il ne faut donc pas se surprendre que les peintures de l'artiste Claude Lorrain aient alimenté l'imaginaire du Pittoresque tout au long du XVIIIe siècle en Angleterre.

L'attrait de la nature aidant, le Pittoresque conquiert les lieux de villégiature où il se prête au compromis pour apparaître sous la forme de villas, de grandes résidences et même de chalets, toujours dissimulés dans la végétation. Souvent, des épis couronnent le faîte des constructions, des éléments de bois découpé soulignent les rives des pignons, et les murs sont tapissés de planches verticales aux joints couverts de tringles. Ces habitations, qui incarnent la troisième manifestation du courant Pittoresque, présentent des volumes et des plans divers, ayant très souvent une saveur gothique ou italienne.

On attribue au Pittoresque la responsabilité de plusieurs transformations dans l'architecture résidentielle au Québec. Les plus importantes touchent le plan, la galerie et l'égout de toit.

Alors que les maisons présentaient jusqu'à maintenant un plan rectangulaire ou carré, l'avènement des styles néogothique et néo-italien entraîne l'apparition dans le paysage architectural d'une nouvelle forme, le plan en L. Deux véritables corps de bâtiments — on ne parle plus de rallonge — s'imbriquent l'un dans l'autre à angle droit. Cette modification du plan découle directement de l'esprit pittoresque, qui cherche à rompre avec la monotonie classique des formes.

La galerie, qui occupe la façade ou le pourtour de la maison, constitue un autre apport du courant Pittoresque. Ce nouvel aménagement fait office de prolongement de la maison, procurant à ses occupants un espace d'où ils peuvent contempler la nature à leur aise.

Finalement, et il s'agit là d'une contribution appréciable, le Pittoresque serait le principal responsable de l'allongement progressif de la partie inférieure du versant de toit de la maison rurale et de sa transformation en avant-toit avec une courbure marquée. En même temps que cette mode se répand, on y trouve certains avantages concrets, par exemple l'éloignement de l'égouttement du nu du mur et la protection contre les intempéries. À certains égards, on pourrait donc considérer la maison dite « québécoise » comme une sorte de cottage rustique, pendant local du petit cottage pittoresque à croupes basses.

Dans la région de Québec, la forme du bas du versant de toit connaît une évolution en plusieurs phases : on ajoute d'abord à l'égout retroussé à l'avant un égout retroussé à l'arrière ; on prolonge ensuite l'égout pour former un avant-toit ; finalement, on ferme la partie inférieure, et une large planche vient ceinturer l'avant-toit, à l'exemple d'un bandeau classique.

DE L'ÉGOUT FRANÇAIS À L'AVANT-TOIT COURBÉ

À partir du début du XIXe siècle, on assiste à la transformation du bas du versant de toit et à sa mutation en avant-toit à la suite de l'influence du Pittoresque. Le coyau, une petite pièce de charpente incurvée déposée sur l'extrémité du chevron-arbalétrier, se prolonge et voit son dessous fermé. Ainsi apparaît l'avant-toit courbé, silhouette typique de l'architecture québécoise du XIXe siècle.

1. Versant droit du XVIIIe siècle
2. Égout retroussé du XVIIIe siècle
3. Coyau
4. Avant-toit courbé du début du XIXe siècle
5. Avant-toit courbé avec fermeture du début et du milieu du XIXe siècle
6. Une planche, faisant office de coupe-larme, empêche le retour de l'égouttement pluvial vers le mur.
7. Fermeture d'avant-toit
8. Dès la première moitié du XIXe siècle, le concept de cottage pittoresque à toit à deux versants aux avant-toits courbés est illustré dans les livres d'architecture.
9. Au XXe siècle, l'avant-toit courbé réapparaît sur des plans de maisons proposés par le gouvernement du Québec, symbole distinctif d'une architecture locale.

CHARPENTERIE

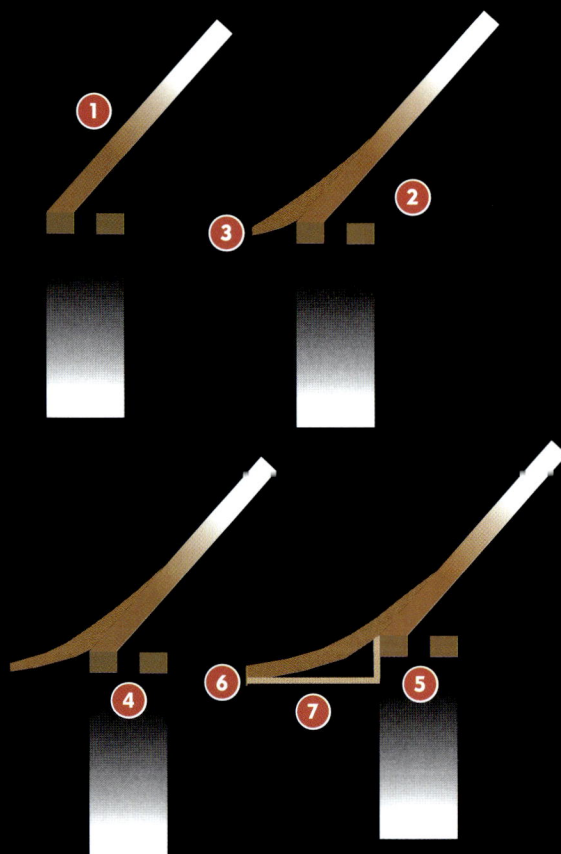

Quel terme choisir ? Le cottage d'influence anglaise à un étage surmonté d'un toit à quatre versants bas, ou toit à croupes basses, apparu au début du XIXᵉ siècle, pose depuis longtemps un problème d'appellation. Cette désignation de Regency vient du fait de son apparition entre 1811 et 1820, période où en Angleterre le prince de Galles exerce la Régence à la suite de la folie de son père. Chez nous, Gérard Morisset, l'un des pionniers de l'art ancien au Québec, l'a appelé cottage anglo-normand, car il voyait dans la forme de son toit une synthèse entre deux traditions, française et anglaise. En Ontario, où cette forme est relativement répandue, certains auteurs ont déjà parlé du cottage ontarien. D'autres l'ont qualifié de cottage pittoresque, le terme villa étant plutôt réservé à des bâtiments de deux étages ou plus, car il s'agit de la première forme évidente sous laquelle se manifeste le courant Pittoresque. Enfin, la désignation de cottage orné, telle qu'on la trouve en Angleterre à peu près à la même époque, est utilisée par certains auteurs du Canada anglais.

Nous utilisons pour notre part les appellations cottage Regency ou cottage de style Régence, ou encore une appellation descriptive comme cottage pittoresque à un étage à toit à quatre versants, selon la forme architecturale ou décorative dans laquelle le bâtiment se présente.

Voici un modèle identique aux précédents, mais dans sa forme de villa à deux étages.

🡰 La maison Bruneau, elle aussi de style Regency, est située à Sainte-Foy près de Québec. C'est un bel exemple de ces petits cottages d'influence pittoresque construits sur un site paysager et destinés à des citadins recherchant la tranquillité de la campagne. Les supports de galerie en forme de treillages se rencontrent fréquemment.

🡰 Le cottage Henry-Stuart, à Québec, fut construit en 1849-1850 par Joseph Archer, un entrepreneur né en Angleterre. Noter la présence de portes-fenêtres, autre moyen de s'ouvrir encore plus sur le milieu naturel environnant.

Cette villa, construite vers 1840 par un officier anglais ayant participé aux travaux de canalisation de la rivière des Outaouais, prend place dans un secteur particulièrement arboré de Saint-André-Est et dénote une influence du Pittoresque.

➔ Cottage néoclassique, à Saint-Michel-de-Bellechasse

➔ Villa dans le secteur de la Rémi, à Baie-Saint-Paul

Une autre villa dans un quartier de Baie-Saint-Paul

Manoir d'Amable Dionne, riche commerçant de la Côte-du-Sud, à Saint-Roch-des-Aulnaies, construit en 1853

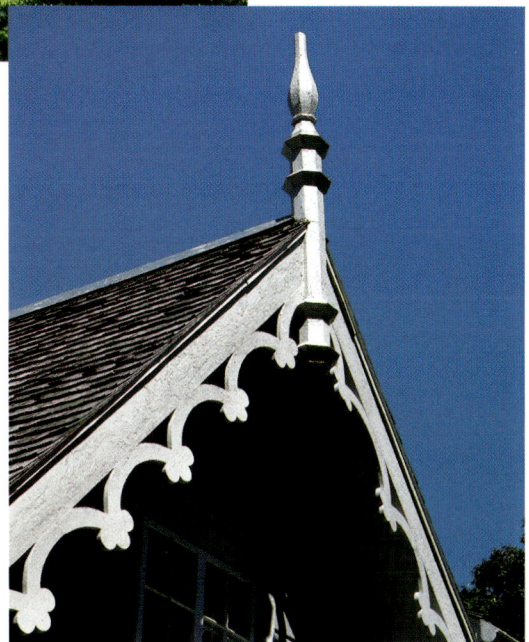

La villa Bagatelle, à Sillery. C'est une reconstruction à l'identique après l'incendie du bâtiment original construit vers 1850-1855. L'influence gothique prédomine.

Petit cottage empreint d'éclectisme, à Neuville.
Ses deux balcons à l'étage procurent un vaste
panorama sur le fleuve.

Petit cottage, à l'île d'Orléans

Manifestations du Pittoresque en bordure de la rivière des Outaouais : Hudson

Un œil exercé notera dans le paysage construit de Hudson et de Como les traces évidentes du courant Pittoresque. Omniprésence de la végétation, boisés soigneusement aménagés, plans inusités de bâtiments, cottages dont la façade est sur le mur-pignon, dentelles décoratives aux rives des toits, murs recouverts de planches verticales aux joints tringlés, voilà autant de manifestations d'un courant qui prône le mariage entre nature et architecture.

L'histoire nous donne en partie la clé de la popularité du courant Pittoresque dans cette région précise. Le territoire de l'ancienne seigneurie de Vaudreuil accueille à partir du début du XIXe siècle des immigrants d'origine anglo-saxonne. Ils choisissent la bordure sud de la rivière des Outaouais, à proximité du lac des Deux Montagnes, et sont à l'origine de la municipalité de Como, ainsi nommée en 1855 d'après le lac de Côme, en Italie, et de la ville de Hudson, du nom de l'épouse de l'un des premiers fondateurs de la ville. La majorité de ces colons sont originaires d'une région très pittoresque de l'Angleterre, le comté de Cumbria, réputé pour ses lacs et ses vallées. Entre 1819 et 1839, ils arrivent de diverses localités du nord-ouest de l'Angleterre, aux noms combien évocateurs : Caldbeck, Kirkoswald, Culgaith, Skirwith, Hunsonby, Keswick, Castle Carrock, Great Salkeld, Renwick… ! Ces agglomérations embellissent les alentours du lac de Grasmere, région natale du célèbre poète romantique anglais William Wordsworth, grand chantre de la beauté des lacs et profond admirateur des paysages ruraux anglais, décédé en 1850. Connaissant les origines culturelles et géographiques des fondateurs de Como et de Hudson, comment s'étonner du fait que, dans un lieu et une terre aussi fertiles, le Pittoresque ait fleuri de la sorte ?

À COMO ET À HUDSON, UN PETIT GOÛT DE « PITTORESQUE »

Fondée par une majorité de colons en provenance du Cumberland, région pittoresque du nord-ouest de l'Angleterre caractérisée par ses lacs, Hudson comporte une belle variété architecturale de maisons, construites au milieu ou à la fin du XIXe siècle. L'influence du Pittoresque se manifeste par des détails architecturaux reliés aux galeries ou aux corniches, par des influences architecturales néogothiques, mais surtout par les aménagements qui entourent les maisons, preuve d'une volonté de lier les édifices à leur environnement naturel.

1. Petit cottage et sa grosse cheminée rustique, enfoui dans les arbres
2. Riversmead, construite en 1849 par le capitaine Robert Ward Shepherd, de Norfolk, Angleterre. Une grande galerie ouvre sur la nature environnante.
3. La maison de la ferme Parson, construite vers 1832
4. La maison au plan en L s'insère, elle aussi, dans le cadre pittoresque de Hudson.
5. Ellesmere, de conception néogothique, construite vers 1866 pour le notaire Isaac Gibb
6. Rose Cottage, petit cottage pittoresque construit en 1860 par le capitaine R. W. Shepherd

CACOUNA, UNE ARCHITECTURE DOMINÉE PAR LE PITTORESQUE

Cacouna, village localisé tout juste à l'est de Rivière-du-Loup, fut jadis un lieu de tourisme et de villégiature par excellence. Il compte bon nombre de chalets et de résidences de villégiature dont l'architecture puise dans le répertoire néogothique ou italien. Le noyau villageois de Cacouna prend véritablement forme au début du XIXe siècle, avec la construction d'une première chapelle, en 1810. Le territoire nouvellement défriché a d'abord le statut de mission avant d'accéder à celui de paroisse, en 1825. Une rive découpée et la présence de petites îles et de plages font de cette région un endroit pittoresque très vite apprécié par les visiteurs, qui y sont amenés par les goélettes puis par les vapeurs de la Ligne du Saguenay. Dès le milieu du XIXe siècle, les estivants viennent par centaines s'y réfugier durant la belle saison. Un premier hôtel accueille les vacanciers à partir de 1852, et plusieurs maisons sont offertes en location. Cacouna acquiert bientôt la réputation de lieu de villégiature exceptionnel. De riches bourgeois, marchands et commerçants de Montréal et de Québec s'y font construire des résidences d'été et des villas aux formes et aux plans variés. La première, propriété de William M. Molson, est érigée en 1863. Le vocabulaire architectural de ces grandes maisons puise dans les styles néogothique et néo-italien alors à la mode, mais leur allure générale est fortement teintée par le courant Pittoresque, dont la présence s'affirme tout particulièrement dans les endroits de villégiature. La plupart de ces constructions, érigées dans la dernière moitié du XIXe siècle, occupent le côté nord de l'actuelle route 132. Aujourd'hui, cet ensemble architectural demeure remarquable.

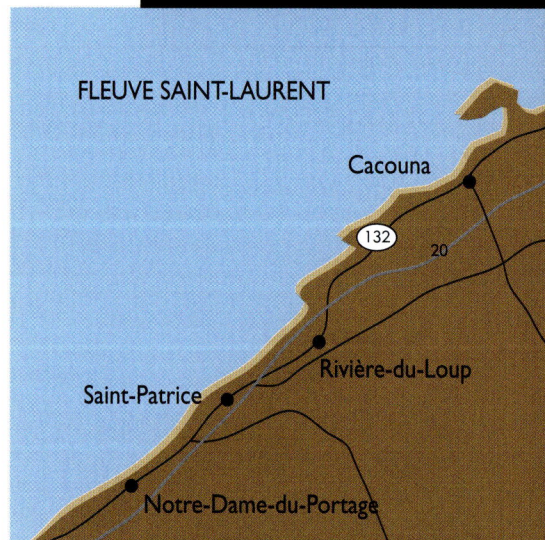

FLEUVE SAINT-LAURENT

Cacouna

132

20

Rivière-du-Loup

Saint-Patrice

Notre-Dame-du-Portage

1. Passablement modifiée — notamment à cause de sa transformation en hôtel —, l'ancienne villa Ross a été construite vers 1865 pour John Ross, propriétaire de la John Ross and Co., entreprise spécialisée dans le commerce du bois. De style néogothique au départ, avec des épis sur le toit et une grande galerie, la villa ne conserve plus que ses frontons en forme de U inversé — typiquement gothiques —, au-dessus de ses fenêtres, et de nombreuses consoles regroupées en paires sous la corniche de toit.

2. La villa Airlie a été construite par le menuisier Abraham Gagné en 1863 pour William Poston, marchand de Québec. On trouve une grande cuisine au sous-sol et des jardins aménagés à l'arrière. Construite à partir du modèle néoclassique du début du XIXe siècle, la maison est habillée au goût du Pittoresque : large débordement des rives de toit, nombreuses lucarnes, grande galerie périphérique ainsi que de très grandes fenêtres.

3. La Sapinière a été construite vers 1900 pour Augustin Durnford, inspecteur à la Banque Molson. Les pignons s'inspirent de l'architecture néogothique du XIXe siècle.

4. Pine Cottage, bel exemple d'architecture d'inspiration néogothique, fut construit en 1863 par l'architecte montréalais John J. Browne pour William Markland, l'un des membres de la célèbre famille Molson de Montréal. Les nombreux pignons, les tours et le recouvrement de planches aux joints fermés d'une tringle contribuent à cette recherche du Pittoresque.

Le XIXᵉ siècle et les styles romantiques

Le néogothique, le néo-italien,
le néo-Queen Anne et
l'éclectisme victorien

ivers bouleversements sociaux et historiques, tant en Europe qu'en Amérique du Nord, donnent lieu à une transition esthétique importante au début du XIXe siècle. Le néoclassicisme avait déjà ouvert la voie à la mouvance. Dans l'architecture, le beau ne s'exprime plus seulement à travers des formes tirées de l'Antiquité classique, mais aussi par de nouveaux concepts issus d'un passé plus récent. Au début, il ne s'agit que d'emprunter des motifs aux périodes antérieures pour les apposer sur une architecture dont l'essence demeure classique. Graduellement, les styles seront de plus en plus maîtrisés, au point de s'éloigner de leur source d'inspiration et d'acquérir une identité propre.

L'avènement de l'imprimé contribue largement à la diffusion de ces styles et des modèles qui s'en inspirent. On assiste en effet à une circulation croissante de livres de modèles, les *pattern books*, qui fournissent, dessins à l'appui, l'information relative aux dimensions, aux matériaux, aux techniques de fabrication et au coût d'une maison. En 1833, John Claudius Loudon publie en Angleterre une série de 81 dessins dans son *Encyclopaedia of Cottage, Farm, and Villa Architecture*. Une dizaine d'années plus tard, Andrew Jackson Downing fait paraître à son tour, aux États-Unis, des dessins de maisons de ferme qui continueront d'être diffusés dans les journaux et les revues au cours des décennies suivantes. D'autres ouvrages seront publiés dans la foulée des précédents, notamment ceux de A. J. Bicknell,

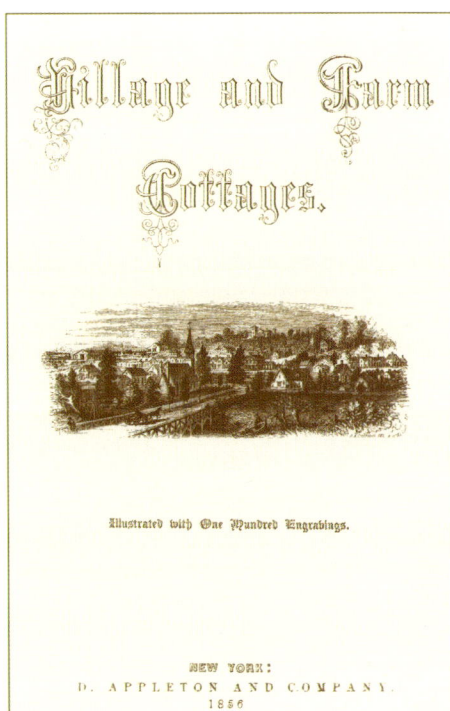

MODÈLES DE FENÊTRES
DE LA PÉRIODE VICTORIENNE

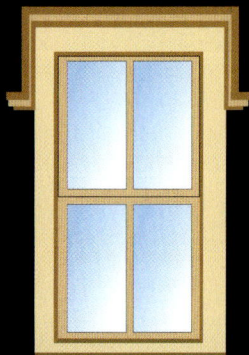

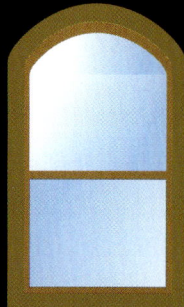

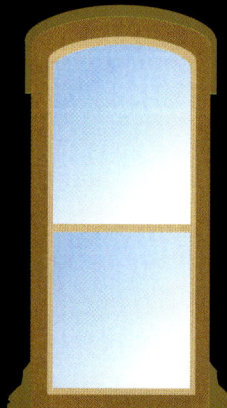

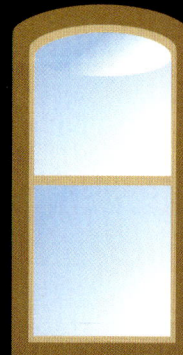

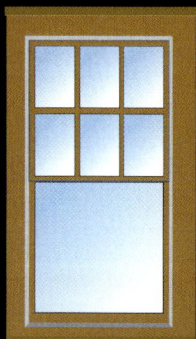

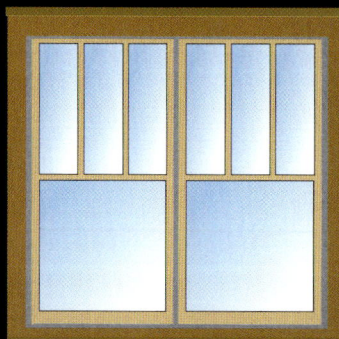

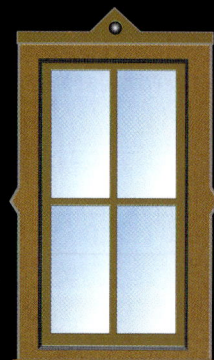

Avec l'introduction des styles romantiques du XIXe siècle, de nouveaux modèles de fenêtres apparaissent. Voici les modèles les plus représentatifs.

1. Modèle néogothique
2. Modèles néo-italiens
3. Modèles propres au néo-Queen Anne
4. Modèle éclectique victorien

BAIES

de Charles Palliser et de E. C. Hussey, dans le nord-est américain. Les prototypes d'architecture populaire inspirés des grands styles officiels sont désormais accessibles à une large population.

Contrairement à la grande architecture officielle, l'architecture vernaculaire ne retient de ces nouveaux apports stylistiques que les éléments les plus significatifs. Des maisons modestes agencent avec une certaine cohérence des composants architecturaux empruntés aux grands monuments, alors que d'autres éléments sont mis de côté pour des raisons pratiques, esthétiques ou économiques. Ainsi, il est fréquent que la forme du bâtiment obéisse à la tradition en même temps qu'un élément, ou encore tout l'habillement, appartient à un style historique ancien.

L'architecture des campagnes ne peut assimiler tous ces styles qui, pour certains, ne se prêtent pas facilement à la simplification. Le Moyen Âge et la Renaissance italienne alimentent les deux premiers styles, le néogothique et le néo-italien, dont l'architecture populaire au Québec compte plusieurs spécimens. Dans la seconde moitié du XIXe siècle, deux autres styles importants, le Second Empire et le néo-Queen Anne, inspireront nombre d'amateurs, et les exemples foisonneront en milieu villageois et suburbain.

La Renaissance italienne est une source d'inspiration pour plusieurs modèles architecturaux du XIXe siècle.

Les petits cottages conçus par les architectes anglais John Nash et James Pennethorne entre 1823 et 1834 dans Park Village East and West (Londres) annoncent les modèles architecturaux aux couleurs des romantismes italien, gothique et Tudor ainsi que du Pittoresque, tendances distinctives du XIXᵉ siècle. Les concepteurs et théoriciens de l'architecture victorienne, période qui débute en 1837 et se termine au début du XXᵉ siècle, affectionnent le Moyen Âge et son architecture gothique. Ils y voient un moyen de briser avec la tradition classique précédente jugée trop monotone.

⮕ Saint-Gengoux-le-National, France

LE STYLE NÉOGOTHIQUE
(de 1830 à 1860 environ)

S'inspirant de l'architecture du Moyen Âge, une période qui s'échelonne du XIIᵉ au XVᵉ siècle en Europe, le style néogothique est le premier des véritables grands styles romantiques à voir le jour au XIXᵉ siècle. Avec lui, une cassure nette se produit entre la tradition précédente du classicisme et les nouvelles tendances esthétiques qu'annonce la période victorienne. Qui ne connaît pas ces grandes cathédrales médiévales et leur structure complexe où se marient dans une logique étonnante un vaisseau central et ses contreforts, parcourus de nervures et d'arcs d'ogive ?

Le style néogothique se manifeste au Canada au cours des années 1820 et demeure populaire pendant plusieurs décennies, surtout en Ontario. Il ne connaîtra pas un grand succès au Québec. De façon générale, on doit à l'intérêt d'une clientèle anglophone les rares exemplaires qu'il nous a légués.

En milieu rural et villageois, l'architecture domestique ne retient du style gothique qu'un ensemble d'éléments architecturaux : la grande lucarne-pignon en façade, les ouvertures surmontées d'un arc d'ogive, les pinacles, les motifs de bois découpé longeant les corniches, les grosses moulures en boudin, les crénelages et les rosaces. Le style se distingue donc avant tout par l'utilisation d'un nouveau vocabulaire ornemental. Certaines résidences de campagne font toutefois l'objet d'une conception beaucoup plus élaborée.

Comment le reconnaître ?

Le style néogothique emprunte occasionnellement la forme du manoir de campagne anglais ou celle du manoir Tudor. Dans ces modèles en brique dont le plan est habituellement irrégulier, l'architecture est passablement élaborée. Deux beaux exemples sont dignes de mention : la résidence Beechmore, en périphérie de la ville de Richmond, qui s'apparente au manoir de campagne anglais, et le manoir Campbell, à Mont-Saint-Hilaire, qui emprunte la forme du manoir Tudor.

Le style néogothique est également appliqué à de simples maisons et cottages de campagne. La forme vernaculaire la plus répandue demeure le cottage à un étage et demi surmonté d'un toit à deux versants dont le versant avant comporte une grande lucarne-pignon. Les portes et les fenêtres sont souvent coiffées d'un fronton dont la forme évoque un chapeau de gendarme. On rencontre ce modèle vernaculaire un peu partout au Québec, plus particulièrement dans les comtés où la présence anglophone s'est révélée significative.

Cette belle résidence de campagne allie tous les attributs du style néogothique tel qu'il se retrouve au milieu du XIXᵉ siècle au Québec : plan au sol irrégulier, murs et souches de cheminées en brique, toit recouvert d'ardoise, toitures qui se croisent, pignons surmontés d'épis, porte principale surmontée d'un arc d'ogive. Les fenêtres sont soit coiffées d'une sorte de chapeau de gendarme, soit surmontées d'un arc d'ogive. Dans ces maisons, la couverture comporte souvent des bordures de rives de toit découpées en forme de motif trilobé.

1. Souche de cheminée en brique
2. Épi de faîtage
3. Bordure de rive de toit en bois découpée en forme de trèfle
4. Moulure en forme de chapeau de gendarme (U inversé) au-dessus des fenêtres
5. Porte principale en arc d'ogive et imposte vitrée à trois carreaux
6. Murs construits en brique, un matériau fréquemment utilisé, surtout dans cette région
7. Galerie couverte
8. Le plan au sol, en forme de L, est souvent utilisé dans les modèles plus complexes, comme c'est le cas ici.

La maison James McLaren, construite vers 1860. L'influence gothique se manifeste surtout par le corps central en saillie, surmonté d'un toit à deux versants, le décor de menuiserie de ses rives de toit et la fenêtre double au deuxième étage, couronnée de deux arcs d'ogive.

🞄 Dans une version plus simple, la maison de style néogothique adopte une grande lucarne-pignon en façade.

🞄 Parfois, la maison vernaculaire n'adopte que quelques éléments décoratifs, comme pour se donner un signe distinctif. Ici, on remarque la lucarne-pignon en façade avec ses bordures de rives de toit découpées en forme de motif trilobé.

Grande maison d'influence gothique, à Cushing. On rencontre quelquefois ce modèle à deux avant-corps en saillie de part et d'autre.

Petit cottage néogothique, dans la vallée du Richelieu

Petit cottage d'influence néogothique, dans la région de Brome-Missisquoi

Modèle de cottage suburbain, proposé dans un catalogue du milieu du XIXe siècle. On notera les similitudes avec le petit cottage ci-haut : porche d'entrée, fenêtre centrale d'inspiration gothique et lucarne-pignon en façade.

Beechmore, un manoir anglais du milieu du XIXe siècle

Si les résidants des environs de Richmond peuvent s'enorgueillir de la présence d'une si magnifique résidence gothique chez eux, c'est grâce aux Pierce, l'une des premières familles à s'installer dans cette région. Le père, Shubael Pierce, naît dans le Vermont en 1795. Il immigre vers le nord en 1825. L'un de ses fils, George, fait des études d'ingénierie civile à Troy, dans l'État de New York. C'est en 1857-1858 qu'il dessine les plans de Beechmore, un manoir dont la construction sera parachevée en 1860. Cette extraordinaire résidence a servi notamment de lieu de tournage pour la série télévisée *Jalna*.

Les villas ou les résidences de style néogothique prennent souvent place au milieu d'un grand terrain aménagé, comme le montre ce plan du XIXe siècle. Un accès semi-circulaire mène, au milieu des arbres, à la résidence. C'est là l'influence du Pittoresque dans l'aménagement.

⊙ L'entrée principale de Beechmore, surmontée d'un balcon et de sa balustrade gothique

⬆ Baie en saillie

◀ Fenêtre couronnée d'un arc en forme de chapeau de gendarme, détail architectural que l'on retrouve souvent dans le style néogothique.

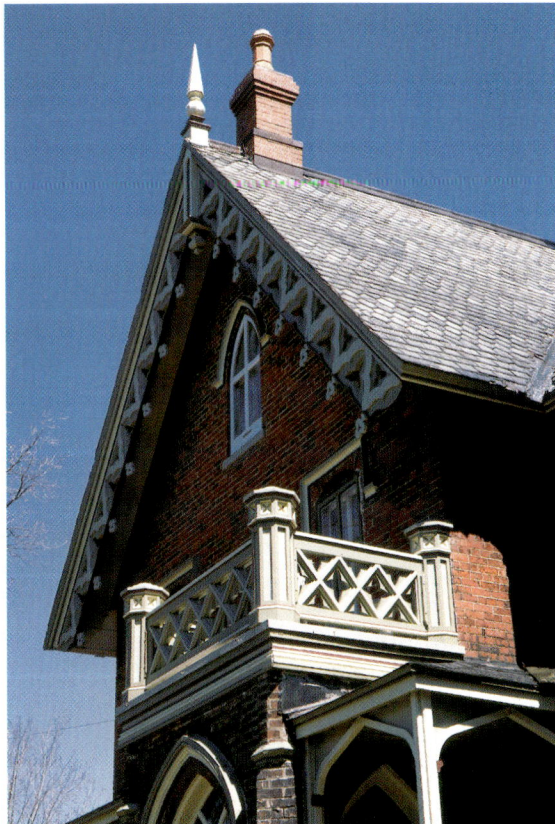

Le sommet du pignon de façade, avec son épi

Un manoir Tudor au pied du mont Saint-Hilaire

Quelle étonnante silhouette que celle de ce manoir Tudor qui se dresse au pied du mont Saint-Hilaire ! Sa présence est directement reliée à l'arrivée au pays, en 1838, du major Thomas Edmund Campbell, qui acheta le domaine et fit construire le manoir entre 1850 et 1860. Attribuée à un architecte de Toronto, cette vaste résidence s'inspire de la demeure ancestrale de la famille Campbell, en Écosse, un style de construction dont le profil est familier dans le paysage architectural campagnard de ce pays.

Le manoir Campbell, construit entre 1850 et 1860. En Angleterre, le style Tudor succède au style néo-gothique et assure au milieu du XVIe siècle une sorte de transition vers le classicisme. À ce titre, il constitue une manifestation Renaissance dans ce pays.

Manoir Tudor, en Angleterre. Les similarités entre les deux édifices sont évidentes. (Inconnu, Archives nationales du Québec à Québec)

LE STYLE NÉO-ITALIEN
(de 1840 à 1870 environ)

Certains seront sans doute étonnés d'apprendre que l'Italie a influencé l'architecture du Québec et tenteront peut-être de retracer dans leur mémoire des exemples de monuments portant cette empreinte, d'autant plus que parler de l'Italie et de son architecture nous renvoie d'abord et avant tout à la Renaissance italienne, époque où les chefs-d'œuvre ont littéralement foisonné. En fait, l'influence italienne s'est manifestée indirectement par l'interprétation qu'ont faite de l'architecture classique de l'Italie certains architectes anglais du XIXe siècle.

Deux architectes anglais partagent la vedette à cet égard. Le palais « à l'italienne » est introduit dans les années 1820 par sir Charles Barry (1795-1860). La villa du même genre est apparue un peu plus tôt avec les réalisations de John Nash (1752-1835), qui ont inspiré les concepteurs de plusieurs résidences de campagne. Ces deux nouveaux modèles remportent un vif succès auprès d'une classe aisée et sont à l'origine de la popularité de ce style. C'est ainsi que l'Angleterre répand la mode néo-italienne au Québec et au Canada.

Les deux modèles, le palais et la villa, ont particulièrement inspiré les architectes et entrepreneurs du XIXe siècle. La forme du palais a été reprise au Canada et aux États-Unis dans la grande architecture résidentielle, alors qu'une version en a été adaptée pour l'architecture commerciale. Mais cette forme n'a laissé aucune trace dans le paysage régional québécois, probablement à cause du modèle lui-même, qui était destiné à de grands édifices publics ou à de somptueuses résidences.

Par contre, la forme de la villa, plus populaire, se manifeste dans l'architecture du Canada et dans celle du Québec, sous des dehors influencés par le courant Pittoresque. La villa « à l'italienne » apparaît au Québec au cours des années 1830 et fait partie du décor jusqu'à la fin du XIXe siècle.

Dans la rue secondaire d'un village des Bois-Francs, au milieu d'un grand terrain parsemé d'arbres, pose fièrement une grande dame italienne. Cette noble villa en brique rouge, avec son plan au sol irrégulier, sa grande tour carrée et ses ouvertures aux sommets arrondis percés de grands carreaux, illustre la forme la plus accomplie de l'influence italienne au milieu du XIXᵉ siècle.

1. Tour carrée
2. Toit à deux versants
3. Oculus ou œil-de-bœuf
4. Fenêtre au sommet en forme d'arc surbaissé
5. Fenêtre en saillie ou *bay window*
6. Fenêtres jumelées
7. Galerie avec grosse balustrade

Comment le reconnaître ?

Le style néo-italien fait appel à un vocabulaire architectural élaboré, dominé par des corniches larges et débordantes ornées de gros modillons, des fenêtres jumelées entourées de larges chambranles ou encore surmontées de grosses corniches supportées par des volutes, des clefs accentuées, de petits balcons entourés d'une balustrade, des vérandas et des chaînages aux angles. Les fenêtres, habituellement étroites et en hauteur, présentent généralement un sommet arrondi. Des tours, des coupoles et des belvédères surmontent souvent la toiture.

Un plan irrégulier, constitué de plusieurs rectangles imbriqués, caractérise la villa « à l'italienne » proprement dite. Cette variante, habituellement réservée aux notables et à la bourgeoisie, se rencontre généralement, à partir des années 1850, en périphérie de noyaux urbains ou villageois

Les nombreuses tours carrées retrouvées en Italie dans les palais comme dans les édifices publics et les maisons de ferme ont frappé l'imagination des voyageurs et des architectes du XIXᵉ siècle. Ces derniers ont retenu la tour carrée comme élément significatif de l'architecture italienne. (Collection Yves Laframboise)

existants ou en développement, ainsi que dans divers chefs-lieux. Les propriétaires, toujours fortunés, recherchent le côté pittoresque d'un vaste terrain aménagé où l'architecture de la maison est en communion avec son environnement. La villa se présente aussi sous deux autres formes, à deux étages : une masse plutôt carrée surmontée d'une lanterne ou d'une coupole, dite d'influence vénitienne, et une masse rectangulaire allongée, coiffée d'un toit en pavillon bas.

L'influence du style néo-italien se manifeste aussi largement par son vocabulaire architectural, qui habille diverses formes rencontrées dans l'architecture régionale. Le rectangle ou le cube à deux étages coiffé d'un toit en pavillon se prête ainsi occasionnellement à une ornementation « à l'italienne ». On observe le même phénomène dans les maisons à toit brisé issues du style Second Empire.

La villa italienne comportant une tour carrée est représentée dans plusieurs ouvrages du XIXᵉ siècle, comme celui de Wheeler, paru en 1852.

LES VILLAS DE PALLADIO

Les nombreuses villas construites par l'architecte italien Palladio inspirent plusieurs architectes anglais du XVIIIe siècle qui en reprennent le modèle tout en le simplifiant. Ainsi, on élimine les grandes ailes latérales pour garder le corps central du bâtiment, avec ou sans coupole, ainsi que le toit avec croupes ou en pavillon tronqué.

1. Villa Badoer, sans ses ailes latérales, Italie (Palladio)
2. Villa Trissino, sans ses ailes latérales, Italie (Palladio)
3. Villa Godi, Italie (Palladio)
4. Maison Chiswick en Angleterre, construite en 1727-1729 dans l'esprit des maisons et villas de la banlieue de la Rome antique

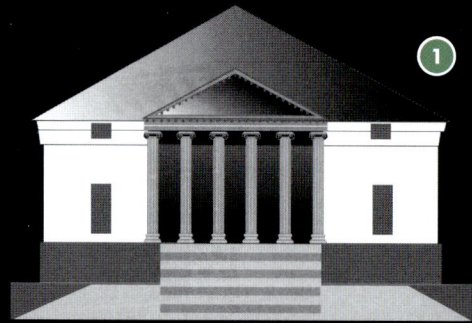

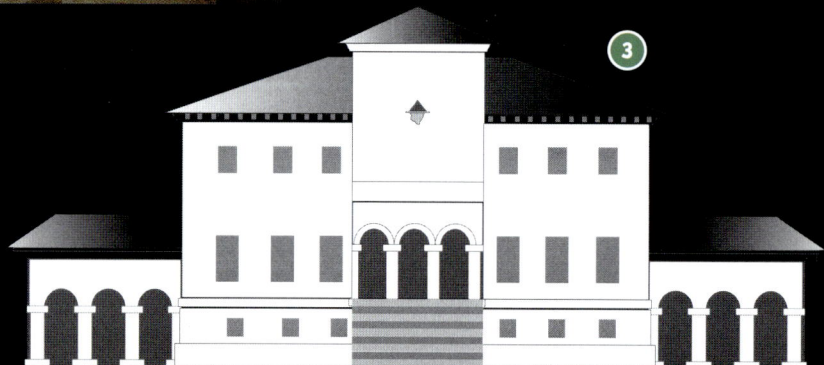

MODÈLES

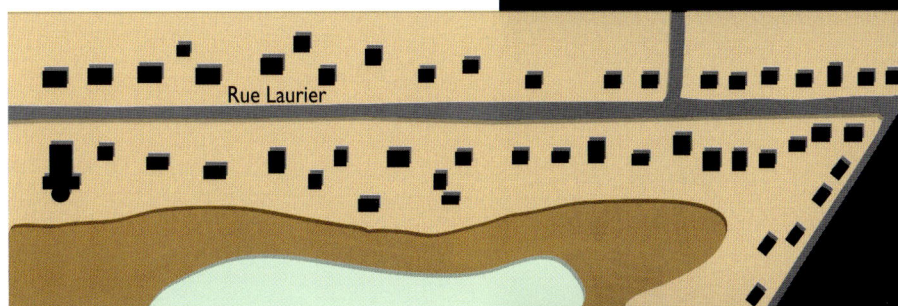

Rue Laurier

PRÉSENCES ITALIENNES RUE LAURIER, À ARTHABASKA

L'influence italienne sur la maison se traduit aussi par l'adoption d'une forme proche du cube dont le toit est tronqué et entouré d'une balustrade, ou coiffé d'une coupole percée de fenêtres. Plus spécifiquement, il s'agit là d'une influence vénitienne largement diffusée dans les modèles de villas de Palladio, concentrées dans les environs de Venise.

Ancien chef-lieu du comté, Arthabaska conserve jalousement, rue Laurier, un ensemble architectural remarquable, formé de maisons bourgeoises de la seconde moitié du XIXe siècle. Parmi ces maisons, celle de Wilfrid Laurier (en bas) — premier ministre du Canada de 1896 à 1911 —, et bien d'autres, luxueuses et parées de leurs ornements victoriens où prédomine l'influence italienne.

ENSEMBLES

Cette maison de Lotbinière reprend la conception générale et le volume d'une villa rectangulaire coiffée d'un toit en pavillon tronqué. Les grosses consoles au sommet des fenêtres (au centre), la superposition de deux ordres autour de la porte principale (ci-contre) et les ouvertures couronnées d'un arc semi-circulaire traduisent l'influence italienne.

Le même principe général s'applique ici dans le cas de cette maison construite vers 1860 pour un industriel de Lotbinière. Les conifères en façade rappellent les cyprès retrouvés dans les aménagements de plusieurs villas italiennes.

LE BRACKETTED STYLE, OU LA SUPRÉMATIE DE LA CONSOLE

Des architectes, non contents des possibilités offertes par le style néo-italien, explorent, vers le milieu du XIXe siècle, une nouvelle avenue où la maison d'influence italienne, avec ses volumineuses consoles, est dotée d'éléments néo-classiques, comme des portes ou des fenêtres rectangulaires, ou encore néogothiques, par exemple des fenêtres aux sommets d'ogive. Il en résulte généralement une maison bourgeoise à un étage et demi ou deux étages et demi, dont l'avant-corps central en saillie est couronné d'un grand pignon. Les consoles ornent habituellement le dessous des corniches en façade et dans les pignons.

Ainsi, le Bracketted Style ne s'applique pas qu'à la maison de style néo-italien, puisque d'autres styles, notamment le néoclassique et le néogothique, y sont associés. Andrew Jackson Downing (1815-1852), architecte paysager américain, a popularisé plusieurs de ces modèles dans *Victorian Cottage Residences,* un ouvrage publié en 1842 et réédité dans sa version définitive en 1873.

1. Modèle à toit à deux versants avec lucarne-pignon centrale
2. Modèle à deux étages, dont la forme se rapproche du cube, coiffé d'un toit en pavillon

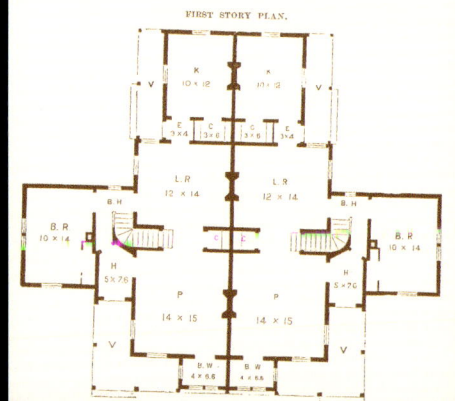

MODÈLES

Voici un exemple du modèle popularisé par Andrew Jackson Downing au milieu du XIXe siècle. Le sud du Québec en compte un grand nombre. Il s'agit d'un volume à deux étages à toit à deux versants, qui comporte au centre un avant-corps surmonté, lui aussi, d'un toit à deux versants. Les cheminées sont habituellement latérales.

Un modèle semblable au précédent, mais à un étage et demi, dans la région de Portneuf. Il est intéressant de noter le couronnement semi-circulaire de la porte principale de même que celui des lucarnes.

Voici le même modèle de cottage retrouvé dans la région de Richmond. Ces maisons présentent évidemment une influence du Pittoresque dans leur décor.

Un autre exemple où l'avant-corps central est remplacé par un porche au rez-de-chaussée et une logette à l'étage. La grande galerie et la logette à l'étage traduisent l'influence du Pittoresque.

LE STYLE SECOND EMPIRE
(de 1855 à 1900 environ)

Il eut été étonnant que le XIXe siècle se termine sans que la France se manifeste d'une quelconque façon dans le paysage architectural du Québec. Mais soyons juste… Cette présence française tardive relève d'un phénomène nord-américain dans lequel le Québec ne fait que s'inscrire, peut-être avec un peu plus d'ardeur que d'autres, puisqu'il y trouve un rappel de ses origines.

C'est donc en France que s'élabore le style Second Empire. Dans la seconde moitié du XIXe siècle, Napoléon III entreprend un vaste projet d'urbanisme visant à transformer Paris par l'adjonction de grands boulevards et la construction de vastes édifices. Le plus remarquable d'entre eux, le nouveau Louvre, édifié entre 1852 et 1857, exercera une influence prépondérante. Son style particulier est le fruit d'un mélange de Renaissance française et d'architecture classique, la référence en matière de bon goût pour la bourgeoisie de l'époque. Suscitant rapidement un vif intérêt, il traverse bientôt les frontières et gagne les États-Unis et le Canada, où il connaît un franc succès. Ce style se caractérise, dans les grands édifices publics, par un toit dont la forme imite celle des édifices de l'architecte François Mansart. Au Québec, des appellations populaires comme « toit français » ou « comble français », encore courantes dans certaines campagnes, désignent le toit brisé, appelé aussi « toit à la Mansart », le dérivé populaire du toit propre au style Second Empire. Aux États-Unis, où il est popularisé par les catalogues de plans, Bicknell le désigne par l'appellation « French Cottage » ou « French Mansard » dans son édition de plans de 1878.

Maison de style Second Empire, dans la région de Portneuf (Collection Yves Laframboise)

À partir de la seconde moitié du XIXᵉ siècle, l'influence du Second Empire français se fait sentir dans l'architecture de la maison. Les résidences et les maisons bourgeoises adoptent généralement un volume carré surmonté d'un toit brisé sur quatre eaux, soit un toit formé d'une pente supérieure, appelée terrasson, et d'une pente inférieure, appelée brisis. Dans le langage populaire, on parle de « comble français ». Ce modèle architectural se répand partout au Québec, résultat d'une mode partagée par l'ensemble de la province.

La maison plus modeste répond à des exigences stylistiques fort simplifiées. Sur un grand rectangle, on place un toit brisé sur deux eaux. Ce toit procure beaucoup plus d'espace que le toit à deux versants et permet d'occuper les combles avec beaucoup plus d'aisance.

1. Terrasson
2. Brisis
3. Grande-lucarne avec fenêtre palladienne
4. Logette avec balcon
5. Fenêtre avec arc surbaissé
6. Chaînage d'angle
7. Porte principale avec imposte vitrée et baies latérales
8. Grande galerie ouverte

Comment le reconnaître ?

Le trait architectural dominant du style Second Empire est la forme du toit brisé, inspirée de celle qui caractérise les édifices publics de l'architecte français François Mansart. Les maisons de ce style sont donc coiffées d'un toit à deux pentes successives, le brisis et le terrasson. Il en existe deux types très répandus : le modèle de forme plutôt rectangulaire à un étage, sans compter l'étage des combles, coiffé d'un toit brisé sur deux eaux, et le modèle de forme plutôt carrée à un ou deux étages, excluant toujours celui des combles, avec un toit brisé sur quatre eaux.

Les maisons les plus cossues sont souvent pourvues d'ouvertures d'inspiration italienne, ce qui les rapproche, sur le plan du vocabulaire ornemental, des maisons de style néo-italien. Quelquefois, des tours de plan carré surmontent la façade principale ou émergent d'un avant-corps asymétrique, emprunt aux châteaux de la Renaissance française. De grands carreaux subdivisent symétriquement les fenêtres.

Au milieu du XIXe siècle, l'installation de la cour de Napoléon III dans le palais des Tuileries et l'agrandissement du Louvre attirent l'attention sur les châteaux de la Renaissance française du XVIIe siècle et sur le toit à la Mansart. Ici, on peut voir le pavillon Colbert à Paris, élément du nouveau Louvre réalisé entre 1852 et 1857, qui traduit ce mélange de Renaissance française et de classicisme, la référence en matière de goût à cette époque, qui se propagera même aux États-Unis.

Ce style, qui présente l'avantage de permettre l'ajout d'un étage complet à la maison, s'est rapidement taillé un franc succès et s'est répandu dans l'architecture domestique à partir des années 1850. Dans plusieurs cas, on a remplacé le toit d'habitations coloniales françaises ou néoclassiques par un toit brisé, déguisant pour ainsi dire ces maisons en leur donnant une allure Second Empire qui, au premier coup d'œil, peut facilement tromper.

Les maisons de style Second Empire ont acquis une telle popularité au Québec qu'on les retrouve partout, tant en milieu rural que dans les villages ou les petites villes. Moins nombreux, les gros modèles carrés plus cossus étaient l'apanage de propriétaires fortunés, tels les notaires et les marchands prospères.

La forme de toit brisée, constituée d'une première pente très aiguë, le brisis, et d'une seconde pente presque invisible, le terrasson, devient la marque la plus évidente du style Second Empire.

Ces trois exemples montent la souplesse d'adaptation de la maison de style Second Empire et sa popularité dans tous les types de milieux : maison dans un ancien secteur de villas de la région de Québec (en haut, à gauche), maison villageoise surhaussée dans Bellechasse (en bas, à gauche) et maison de villégiature en face du fleuve, à l'île d'Orléans (ci-haut).

Le style Second Empire se prête à la conception de grandes résidences fastueuses ou de villas. Dans les régions où la pierre abonde, comme à Beauport, et où les artisans tailleurs sont reconnus pour leur compétence, on peut voir des réalisations remarquables, telles ces trois maisons de la fin du XIXe siècle.

Woodward's Architecture & Rural Art,

No. 1, for 1867. By Geo. E. Woodward, Architect and Civil Engineer. Original Designs and Plans of low-priced Cottages, Farm-Houses and Out-buildings, and numerous plans for laying out small tracts of ground. Beveled boards. Post-paid, $1.50.

Woodward's Architecture & Rural Art,

No. 2, for 1868. By Geo. E. Woodward, Architect and Civil Engineer. With Designs and Plans of Country and Suburban Houses, and numerous examples of the French, or Chateau Roof. Beveled boards. Post-paid, cloth, $1.50. Address,

GEO. E. WOODWARD,

Publisher of Architectural Books,

191 Broadway, New York.

La maison de style Second Empire au toit brisé sur quatre eaux est en vedette dans les catalogues de la seconde moitié du XIXe siècle. Ici, une illustration tirée du livre de Woodward, publié en 1865.

🔵 Petite maison à toit brisé sur quatre eaux dans Charlevoix. La popularité du modèle est imputable, notamment, à la forme de son toit qui dégage l'espace des combles et en fait un véritable étage.

🟢 La galerie est habituellement un élément important de la composition d'ensemble de la maison de style Second Empire. Conçue indépendamment de la toiture, elle comporte son toit propre, des colonnes en bois et une balustrade composée habituellement de balustres d'inspiration Renaissance ou classique.

211

Dans cette maison de Portneuf, on peut noter l'influence de la Renaissance française dans la présence d'une importante tour flanquant le bâtiment sur le coin avant.

Le dérivé populaire du Second Empire, la maison à toit brisé

Constituant un dérivé populaire de la grande maison de style Second Empire, la maison à toit brisé, un bel exemple d'adaptation vernaculaire d'un style à une forme traditionnelle, est présente dans la plupart des régions du Québec. Cette synthèse du carré classique et d'un toit provenant d'une mode nouvelle, le toit brisé sur deux ou quatre eaux, gagne la faveur populaire par la commodité de sa structure : la forme de la toiture permet en effet l'aménagement d'un véritable étage, la mansarde, un avantage par rapport au demi-étage de la maison traditionnelle.

La baie en saillie se retrouve souvent sur ce type de maison et témoigne de son ouverture sur le milieu naturel environnant.

Plus répandues, ces petites maisons à toit brisé sur deux eaux nous rappellent que le style Second Empire a conquis le cœur non seulement des bourgeois, mais aussi de l'ensemble de la population tant dans les milieux ruraux que villageois. Maison avec lucarnes au fronton cintré à Deschambault (en haut), maison en brique dans Charlevoix (en haut, à droite) et maison avec lucarnes à fronton cintré, à Cap-Santé (en bas, à droite).

LE STYLE NÉO-QUEEN ANNE
(de 1875 à 1910 environ)

Rendons à César ce qui appartient à César. Les bâtiments de style néo-Queen Anne sont les premiers à porter le flambeau de l'auréole victorienne. Leurs nombreux pignons, leurs tours, l'utilisation simultanée de la planche horizontale et du bardeau de bois ainsi que leurs divers épis symbolisent dans tous les esprits la quintessence du victorien.

Considéré par certains comme une manifestation stylistique tardive à l'intérieur de la période victorienne (1837-1910), le néo-Queen Anne tient son nom de la reine Anne Stuart, qui a régné sur l'Angleterre, l'Écosse et l'Irlande de 1702 à 1714. Ce style apparaît en Angleterre au milieu du XIXᵉ siècle lorsque des architectes, notamment Richard Norman Shaw, cherchant une nouvelle inspiration dans l'architecture vernaculaire anglaise, empruntent des caractères aux cottages ruraux des décennies antérieures. Vers 1860, des modèles dérivés des manoirs de style Tudor font leur apparition dans le paysage, avec comme trait architectural distinctif la présence de murs en pan-de-bois. Un peu plus tard, l'utilisation de la brique devient une autre caractéristique propre à ce style. Les architectes prennent comme modèles non pas les grands monuments du passé, mais plutôt de modestes réalisations des XVIIᵉ et XVIIIᵉ siècles. Si le néo-Queen Anne s'inspire des formes classiques, il ne cherche pas à les traduire en leur donnant les proportions jusqu'alors reconnues. L'effet recherché, ornemental, conserve la plus grande simplicité.

Le style néo-Queen Anne se répand aux États-Unis et y subit des influences majeures. Les maisons sont généralement construites en colombage à claire-voie plutôt qu'en brique, et leurs surfaces sont recouvertes de planches, d'où l'appellation de « Stick Style ». Une autre tendance proprement américaine consiste à remplacer les éléments de support classiques par des balustres et des poteaux tournés, surtout dans les porches et les vérandas, mais aussi à l'intérieur du bâtiment. C'est la variante Eastlake, du nom de l'architecte américain Charles Lock Eastlake (1833-1906). Les tourelles sont un apport de l'architecture française de la vallée de la Loire, riche en châteaux de la Renaissance. Dans toute l'Amérique, le style se prête admirablement aux endroits de villégiature où il se matérialise dans des hôtels, des grandes résidences et des maisons privées. Il sera en vogue au Québec vers la fin du XIXᵉ siècle et au début du XXᵉ siècle.

La grande maison néo-Queen Anne, à l'exemple de ses consœurs néogothiques, néo-italiennes et Second Empire, affectionne les grands terrains aménagés, les grands arbres et les larges dégagements avant et latéraux. Elle prend généralement la forme d'un carré auquel s'ajoutent un ou plusieurs avant-corps. Les revêtements extérieurs sont en bardeau, en planches horizontales ou combinent l'un et l'autre. Des éléments architecturaux évoquent, à l'occasion, l'architecture médiévale anglaise. Il en est ainsi de la grande-lucarne centrale, dont les corbeaux laissent croire qu'elle est en surplomb par rapport au corps principal.

Dans les modèles plus élaborés, on note souvent la présence d'une tour d'angle surmontée d'un toit conique. Ici, les angles de la galerie, coiffés d'un toit conique, évoquent cette caractéristique.

1. Corps principal
2. Avant-corps latéral
3. Toit en pavillon
4. Toit à deux versants
5. Toit conique
6. Fenêtre à guillotine
7. Petit toit en appentis
8. Balcon
9. Corbeaux
10. Porche d'entrée dorique
11. Fronton triangulaire
12. Grande-lucarne à fenêtres jumelées

Les concepteurs du style néo-Queen Anne se sont notamment tournés vers l'architecture vernaculaire anglaise et ses cottages ruraux. (J. Salmon Ltd / de l'aquarelle de R. Quinton, Archives nationales du Québec à Québec)

Comment le reconnaître ?

La caractéristique architecturale la plus courante du style néo-Queen Anne reste le plan asymétrique du bâtiment, auquel correspond un toit de forme irrégulière. Les pignons se terminent habituellement par un grand fronton triangulaire. Divers éléments architecturaux, notamment des tours circulaires, des ailes, de grandes galeries sur un ou deux côtés et des porches, font saillie sur le bâtiment. Celui-ci est souvent pourvu de fenêtres d'inspiration palladienne, et les murs recouverts de bardeau décoratif sont parfois ornés de motifs géométriques ou de planches imitant le pan-de-bois.

Inspiré de l'architecture vernaculaire anglaise, le style néo-Queen Anne a donné lieu à divers genres d'habitations. Il habille aussi bien la résidence villageoise d'un notable que la villa suburbaine ou encore les résidences des quartiers chic de petites villes des Cantons-de-l'Est. Les centres de villégiature n'échappent pas à son charme, en particulier les bords de l'eau apprivoisés. Le néo-Queen Anne a fait des adeptes partout au Québec, mais c'est dans le sud que l'on observe les plus grandes concentrations de maisons de ce style, là où une bourgeoisie anglo-saxonne s'est maintenue même après le déferlement migratoire canadien-français des années 1870.

NOUVELLES COULEURS

L'introduction de couleurs sombres dont les verts, les bleus et les bruns semble un apport tardif de l'architecture victorienne dans notre architecture locale. Ces couleurs apparaissent dans des catalogues de la fin du XIXᵉ siècle et du début du XXᵉ siècle. Ici, les catalogues Dods de Montréal et Lucas de New York.

1. Page couverture du catalogue Dods
2. Exemple de fiche-conseil pour le choix des couleurs
3. Palette des verts suggérée par la publicité de la firme Lucas

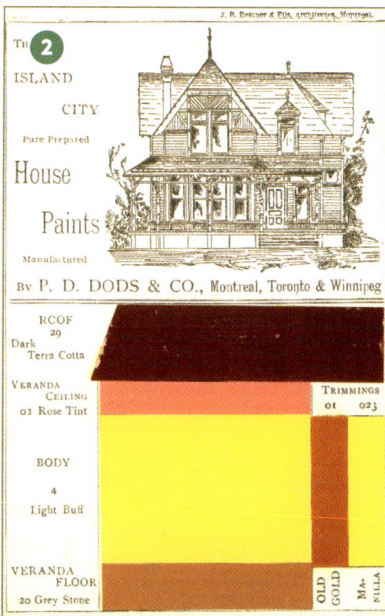

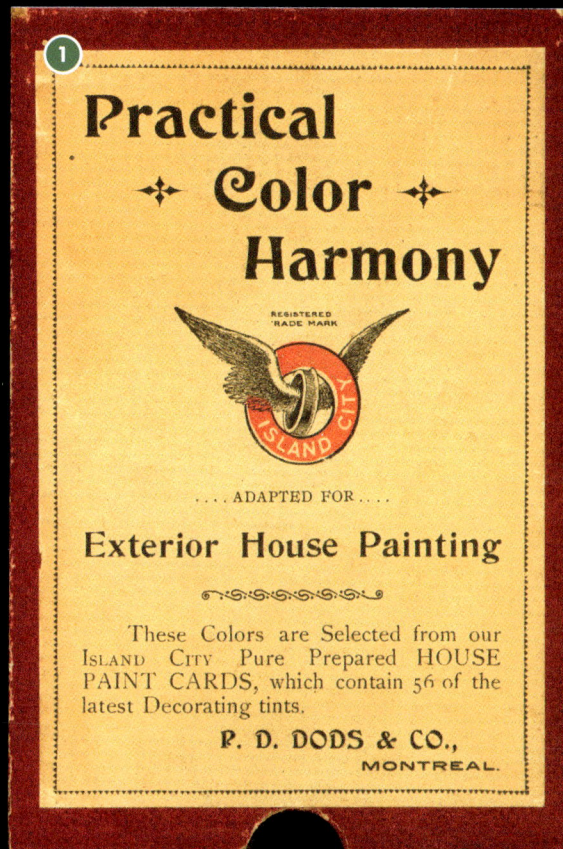

Petit cottage au pignon d'influence néo-Queen Anne

Dans cet autre exemple où l'avant-corps central est surmonté d'un pignon d'influence néo-Queen Anne, on distingue un motif évoquant la fenêtre palladienne.

Les bardeaux, très découpés, rappellent la tuile, matériau de revêtement très populaire en Angleterre. Quant à la tour d'angle circulaire, coiffée de son toit conique, elle s'inspire directement des châteaux de la vallée de la Loire en France, comme en témoigne Chambord, ci-contre.

Petit cottage au plan en forme de L, qui compte de nombreux pignons rehaussés de bardeau décoratif et de baies en saillie.

🄡 Dans certaines maisons de la première moitié du XXe siècle, l'influence néo-Queen Anne se fait sentir dans certains éléments de décor. Ici, le sommet du pignon évoque le pan-de-bois médiéval.

🄐 L'influence néo-Queen Anne n'est présente ici que dans l'agencement des volumes de la maison les uns par rapport aux autres, alors que le décor porte plutôt l'influence du classicisme. Cette transition vers des formes plus classiques constitue, au début du XXe siècle, l'étape ultime d'évolution du style néo-Queen Anne.

Dans ce cottage villageois, on tente de suggérer l'imbrication de plusieurs corps de bâtiments par de simples décrochements.

Alignement de maisons d'influence néo-Queen Anne, à Sutton

Grande villa, à Saint-Antoine-de-Tilly. L'inspiration néo-Queen Anne est noyée dans une recherche éclectique évidente où les formes géométriques prennent le dessus sur le reste du décor. La troncature du toit entourée de sa crête métallique est un détail intéressant à remarquer.

Maison suburbaine en bois, dénotant une influence du Stick Style, près de Québec, première décennie du XXᵉ siècle (à gauche).

Exemple typique de la fin de la période victorienne. Il possède deux étages et demi, avec avant-corps à trois pans surmonté d'un pignon en façade. Ce modèle inspire encore bien des entrepreneurs de banlieue, dont il constitue la référence en matière d'architecture victorienne (ci-contre).

L'influence néo-Queen Anne se fait encore sentir dans certaines maisons des années 1920 à 1940. On la reconnaît dans l'utilisation du plan en L, la présence d'un pignon en façade et le recours à la lucarne interrompant l'avant-toit (en bas).

DES TOITS RECOUVERTS DE PIERRE !

Dans les régions où les ressources minérales le permettent, on utilise l'ardoise comme matériau de recouvrement des maisons. Aux alentours de Richmond, où l'on retrouve de nombreuses maisons d'influence néo-Queen Anne, l'ardoise a constitué dans la seconde moitié du XIXe siècle une ressource importante, ce qui explique aujourd'hui que l'on trouve encore ce matériau sur de nombreuses toitures de maisons aux styles variés. Les vestiges de son exploitation sont encore visibles dans le paysage local.

REVÊTEMENTS

LES BARDEAUX DÉCORATIFS DE SAINT-APOLLINAIRE

Au Québec, le bardeau est abondamment utilisé à des fins de revêtement. Bien que son usage soit largement répandu sur le territoire, la région de Lotbinière est particulièrement riche à cet égard. Le procédé consiste à donner une forme géométrique quelconque à l'extrémité visible du bardeau et à l'agencer à des bardeaux semblables ou de forme différente. Les effets sont variés, et parfois étonnants. Cette technique a vraisemblablement été mise au point après la première moitié du XIXe siècle, quand est né le style néo-Queen Anne. Elle serait apparue, notamment, à l'époque où l'on a commencé à scier le bardeau plutôt que de le fendre, c'est-à-dire aux débuts de sa production sur une base mécanisée.

Les bardeaux sont généralement disposés horizontalement en bande ou en frise.

1. Bardeaux en écaille
2. Bardeaux droits
3. Frise
4. Bande
5. Bardeaux en pointe

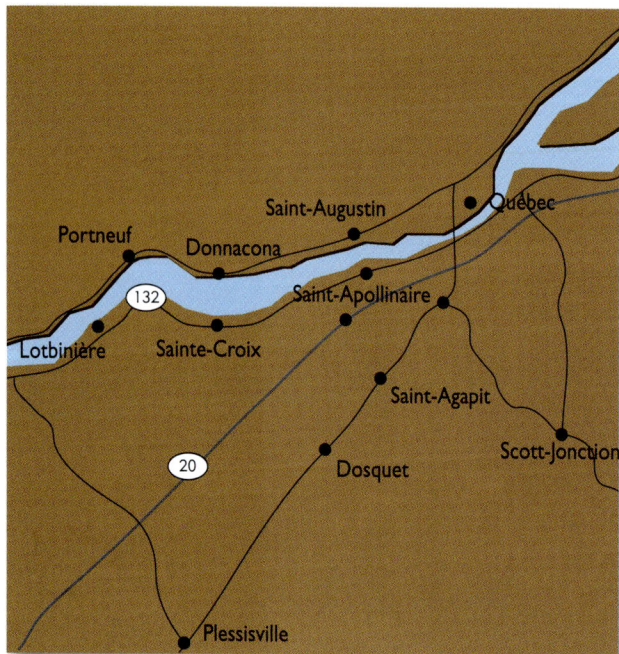

REVÊTEMENTS

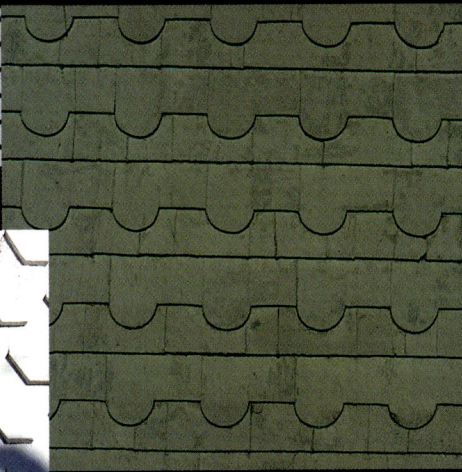

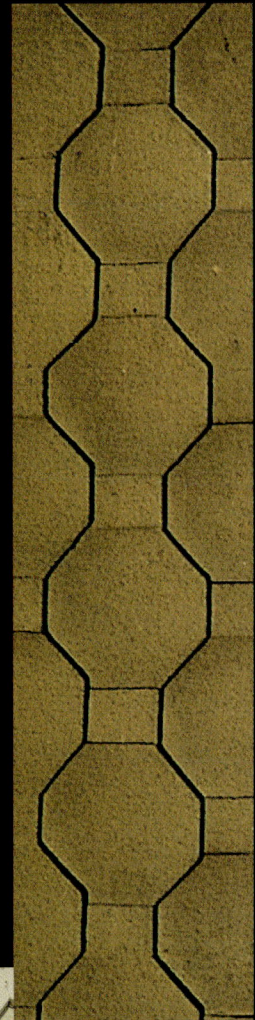

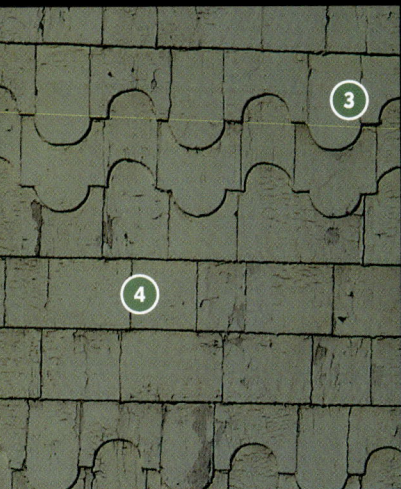

LES TOITS TRONQUÉS DE SHAWVILLE

Shawville, une petite municipalité de l'Outaouais située à environ 75 kilomètres à l'ouest de Hull, présente une concentration exceptionnelle de maisons en brique construites à la fin du XIXe siècle et au début du XXe siècle.

En 1865, un dénommé Samuel Armstrong se lance dans la fabrication de la brique en utilisant une roche terreuse, l'argile grise, qui abonde dans la région. Une autre briqueterie ouvre ses portes en 1888 au sud de Shawville. Les deux entreprises fournissent alors l'essentiel des matériaux qui entrent dans la construction des maisons du village et des rangs avoisinants. Quelque 300 personnes habitent le village en 1873, date de son érection civile. L'apparition du chemin de fer, en 1886, stimule l'économie locale et entraîne une augmentation sensible de la population. Plusieurs maisons sont construites au cours de cette décennie et des suivantes.

Dans la campagne près du village de Shawville, le territoire agricole découpé par les rangs et les chemins s'étale doucement au gré d'un relief animé par de faibles dénivellations. Les silhouettes rouges des maisons de ferme surgissent ici et là au milieu des ondulations. Le modèle le plus familier de maison en brique se présente sous la forme d'un grand cube de base auquel une ou deux ailes en saillie donnent un plan irrégulier. Le toit, le plus souvent en forme de pyramide tronquée, se termine occasionnellement par une balustrade en métal, et les pignons sont recouverts de bardeau décoratif. On trouve réunis dans ce type de construction les principaux caractères distinctifs de la maison de style néo-Queen Anne. Des modèles plus récents dépourvus d'ailes en saillie, construits au début du XXe siècle, ne conservent que peu d'éléments décoratifs néo-Queen Anne, et leur affiliation à ce style se fait plus discrète.

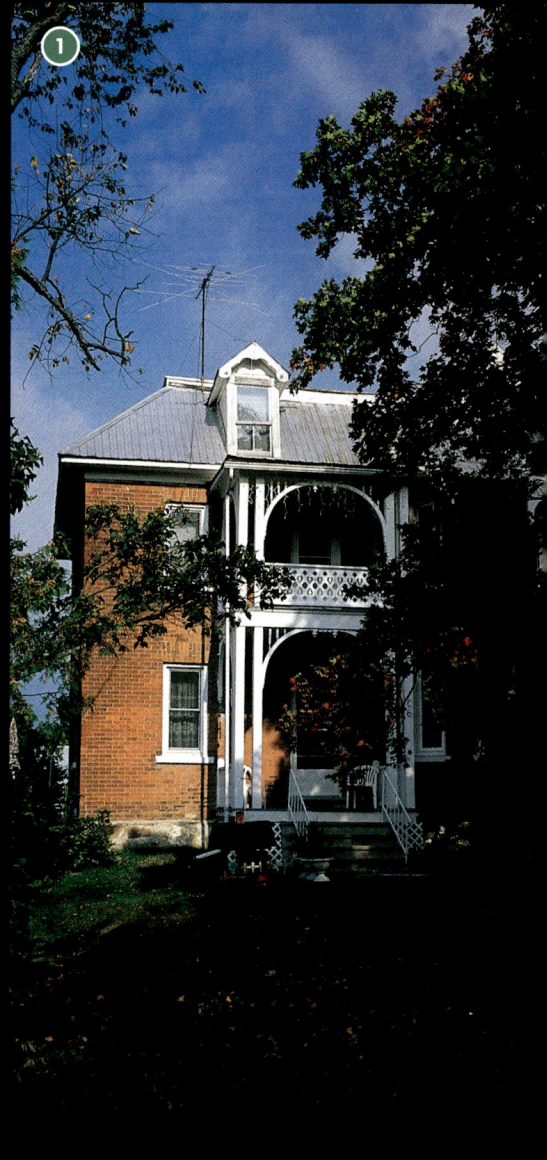

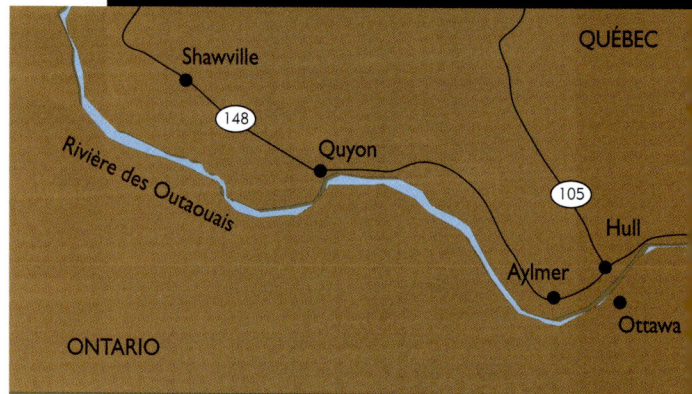

1. Maison à deux étages à toit tronqué, avec galerie en bois sur deux étages.

2. La campagne est parsemée de ce modèle de maison coiffé d'un toit en pavillon tronqué, utilisé comme maison de ferme.

3. L'influence néo-Queen Anne se fait sentir dans plusieurs maisons, dont celle-ci, construite en 1900, avec son avant-corps à trois pans typique surmonté d'un pignon.

MANIFESTATIONS ÉCLECTIQUES DE FIN DE SIÈCLE, OU LE MÉLANGE DES STYLES
L'éclectisme victorien
(Fin du XIXᵉ siècle et début du XXᵉ siècle)

À la fin du XIXᵉ siècle, les apports successifs de plusieurs styles en vogue pendant la période victorienne, qui s'étend de 1837 au début du XXᵉ siècle, fournissent aux architectes, constructeurs et entrepreneurs locaux un vocabulaire architectural et décoratif varié qu'il devient aisé de manier dans le but de produire des effets nouveaux.

Ce phénomène n'est pas propre au Québec, ni au Canada. En Angleterre, les spécialistes distinguent, à l'intérieur du grand courant victorien, plusieurs emprunts ou influences à divers styles, les plus importants étant le classicisme, le gothique et le Queen Anne. L'éclectisme apparaît vers 1860 et mêle plusieurs sources d'inspiration dans un même bâtiment. On l'appelle aussi éclectisme victorien, traduction approximative de l'appellation anglaise High Victorian Eclecticism.

Lorsque ce courant gagne le Canada, il se manifeste particulièrement dans l'architecture religieuse. Le gothique, symbole par excellence des grandes constructions médiévales, prédomine sur les sources d'inspiration à d'autres styles. Au Québec, les architectes prennent comme modèles les grandes cathédrales de France, alors que dans le reste du Canada on se réfère plutôt aux cathédrales édifiées en Angleterre. Bientôt, les architectes se sentent autorisés à combiner l'influence de différents styles dans un même bâtiment.

Dans l'architecture rurale et villageoise, l'éclectisme apparaît dans la seconde moitié du XIXᵉ siècle et montre, dans une étape finale, une prédilection pour les formes d'ornementation géométriques.

Dans cette grande résidence bourgeoise de la région de Yamachiche, la conception architecturale fait appel à un ensemble d'éléments d'architecture empruntés à divers styles du XIXᵉ siècle. Un toit en pavillon à terrasse faîtière, largement utilisé dans l'architecture Second Empire, coiffe une forme commune, le cube. La disposition des ouvertures, très symétrique, obéit aux préceptes classiques. La corniche de toit, ornée d'énormes consoles en paires, porte l'influence du Bracketted Style, lui-même dérivé du style néo-italien. Quant aux frontons qui couronnent les ouvertures, leur conception lourde et complexe en fait des ornements typiquement éclectiques. La tour centrale demi-hors-œuvre est, elle aussi, coiffée d'un toit en pavillon à terrasse faîtière. Quant aux chaînages d'angle, ils étaient apparus dès le début du XIXᵉ siècle avec l'influence palladienne dans l'architecture anglaise.

1. Toit en pavillon à terrasse faîtière
2. Terrasse faîtière
3. Crête
4. Tour demi-hors-œuvre surmontée d'un toit en pavillon à terrasse faîtière
5. Chaînage d'angle
6. Balcon
7. Fronton
8. Pignon
9. Corniche
10. Consoles en paires
11. Solage en pierre granitique

Comment le reconnaître ?

Il n'est pas facile de caractériser l'éclectisme puisque, par définition, les maisons conçues dans cet esprit ne présentent pas nécessairement de similitudes entre elles. Puisant à des sources diverses, l'éclectisme a toujours un même dénominateur, la complexité. Complexité des volumes, du plan, des formes ou du vocabulaire architectural, tout est valable pour déstabiliser le spectateur et susciter l'interrogation. Il y a toujours un effet de surprise dans un bâtiment éclectique.

Un bon moyen, pour atteindre cet effet de complexité, consiste à mélanger les styles. La plupart du temps, on mêlera deux ou trois sources d'inspiration importantes. On ajoutera, par exemple, à une conception d'ensemble néoclassique des éléments architecturaux empruntés au Roman ou à la Renaissance française ou italienne. Une toiture conique cohabitera avec un toit à deux versants ou avec un toit brisé. Des influences italiennes se mêleront généralement aux influences gothiques ou au style Second Empire. Quant à l'ornementation, elle se prêtera à un traitement géométrique savant qui rendra difficile, voire impossible, la tâche d'établir son appartenance à un style précis.

Dans l'architecture domestique, l'éclectisme se manifeste également par des éléments qui s'ajoutent ou se superposent aux caractéristiques architecturales existantes. Parfois, il habille en totalité ou en partie une maison d'une période antérieure, lui offrant volontiers un tout nouveau décor architectural. Des maisons coloniales françaises, néoclassiques ou simplement vernaculaires seront ainsi dotées de larges corniches, de recouvrements métalliques de cheminées et de chambranles vaguement inspirés des ordres antiques, ou encore de galeries comportant des balustres à l'enseigne du baroque. L'apparition de ces divers éléments de menuiserie coïncide avec la mécanisation des procédés de fabrication qui s'est amorcée dans la seconde moitié du XIXe siècle. À cette époque, des ateliers de fabrication de châssis et d'éléments préfabriqués de décor architectural viennent en effet se greffer aux scieries dispersées sur le territoire.

En certains endroits, par exemple dans les localités de Yamachiche et de Louiseville, l'éclectisme sera appliqué à divers types de bâtiments appartenant à différentes époques. Cette manifestation constitue par le fait même un phénomène régional.

L'éclectisme s'est manifesté au Québec à la fin du XIXe siècle et au début du XXe siècle. La plupart du temps, les maisons qui illustrent ce courant sont situées dans les villages ou à proximité, ou encore aux environs de petites villes, et appartenaient, au moment de leur construction, à des gens aisés, notables ou bourgeois, qui souhaitaient se distinguer par une habitation sortant de l'ordinaire. Un contexte économique favorable ou le développement accéléré d'une petite localité au tournant du siècle ont souvent constitué un terrain propice à leur éclosion dans le paysage.

Dans cette maison dont la conception de base relève du Second Empire, le décor et les parties de bois ouvragé conçus dans un esprit géométrique traduisent bien l'une des manifestations de l'éclectisme victorien.

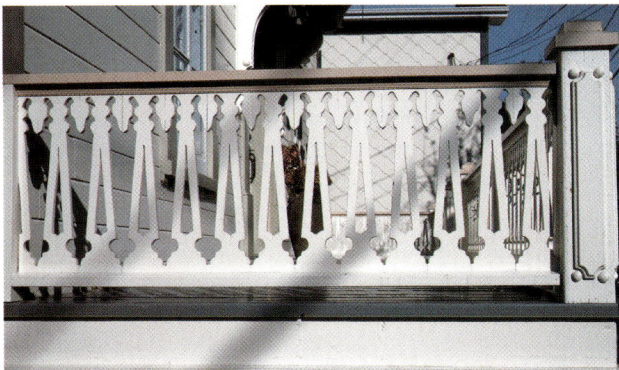

L'éclectisme victorien se manifeste très souvent par un décor qui rehausse une maison vernaculaire comme le cottage à deux versants du XXe siècle, soit par l'ajout d'une galerie ornée de bois découpé, d'une porte d'influence italienne (en haut) ou de chambranles vaguement inspirés du classicisme (à droite) et retravaillés au goût du jour.

Ces trois exemples de cottage villageois du comté de Lotbinière illustrent à leur façon comment l'éclectisme de fin de siècle est récupéré par l'architecture vernaculaire. On l'utilise dans le décor des ouvertures ou des galeries pour rehausser l'apparence d'une maison dont la conception de base est devenue répétitive tout au long du XIXe siècle.

La surcharge du décor et la recherche de l'effet à tout prix représentent aussi une des façons dont l'éclectisme se manifeste dans l'architecture vernaculaire.

À Yamachiche, triomphe de l'éclectisme

Les maisons de brique de Yamachiche constituent un phénomène exceptionnel, tant par leur recherche sur le plan du style que par leur couleur commune, un rouge éclatant. Outre un bel alignement du côté nord de la rue Sainte-Anne, on peut en admirer plusieurs spécimens dans les rangs tout autour, jusqu'à Louiseville, plus à l'ouest. Il s'agit en fait de différents types de maisons, carrées ou rectangulaires, à un ou deux étages, coiffées d'un toit à deux versants, brisé ou en pavillon, qui se prêtent à un habillement éclectique rutilant. De tels modèles sont déjà illustrés dans des catalogues américains de cottages et de villas vers 1860 et 1870. Mentionnons à titre d'exemples *Homestead Architecture* par Samuel Sloan (1861) ; *The Register of Rural Affairs* par J. J. Thomas (1865) ; *Hobbs' Architecture* par Isaac H. Hobbs (1876) ; et *Hussey's National Cottage Architecture ; or, Homes for Every One. Chiefly Low-Priced Buildings for Towns, Suburbs and Country* par E. C. Hussey (1874). Yamachiche est toutefois un cas particulier en matière d'éclectisme architectural, la surcharge du décor agissant comme un trait d'union entre des maisons de divers modèles dont la construction se concentre dans les années 1880 avec quelques spécimens au décor sobre apparus plus tôt et d'autres construits au début du XX\ :raw-super: siècle.

L'architecture de la région de Yamachiche trahit l'influence de divers styles. Les volumes plutôt traditionnels présentent un mélange d'éléments néoclassiques — par exemple, des frontons triangulaires — et néo-italiens — comme des fenêtres aux sommets arrondis ou des frontons cintrés —, des consoles énormes dans le goût du Bracketted Style et plusieurs autres ornements architecturaux aux origines indéfinies.

Comment expliquer un tel phénomène ? La prolifération de maisons en brique a sûrement été favorisée par les dépôts d'argile abondants dans la région et par la présence de plusieurs briqueteries à Trois-Rivières, dont le sol renferme la même argile, dans la seconde moitié du XIX\ :raw-super: siècle. Mais de telles constructions ne sauraient voir le jour sans la participation de gens de métier avertis. Les nombreux frères de la famille Héroux, des artisans locaux, comptaient pour l'essentiel des entrepreneurs, des architectes, des dessinateurs et des sculpteurs engagés dans la réalisation de ces belles demeures. En plus d'avoir fait un stage à l'atelier d'Alexis Milette, architecte et sculpteur de Yamachiche, les frères Héroux auraient étudié à Rome. Leur parcours singulier expliquerait ce foisonnement éclectique puisant largement dans le vocabulaire des styles classique et néo-italien, auquel se greffe une interprétation géométrique de motifs divers.

FOISONNEMENT ÉCLECTIQUE À YAMACHICHE !

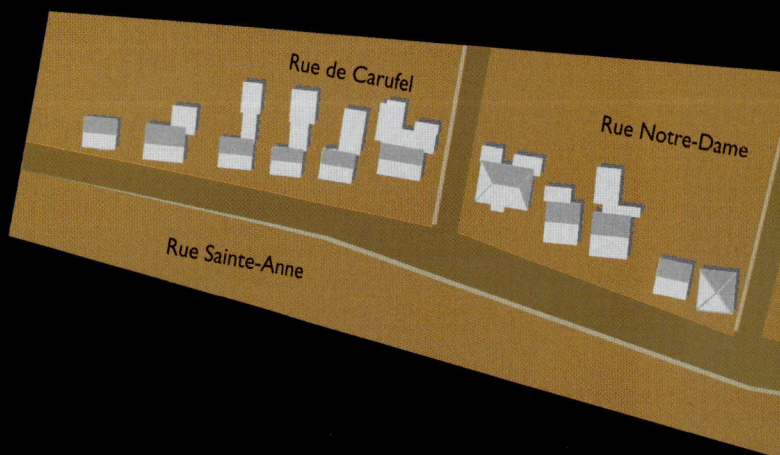

À Yamachiche, rue Sainte-Anne, et dans quelques rangs environnants, l'éclectisme de fin de siècle a soufflé comme un vent de folie. Les maisons en brique rouge affirment leur personnalité par le contraste du blanc et du rouge et par une ornementation chargée puisant dans plusieurs sources d'inspiration, dont l'Italie.

ENSEMBLES

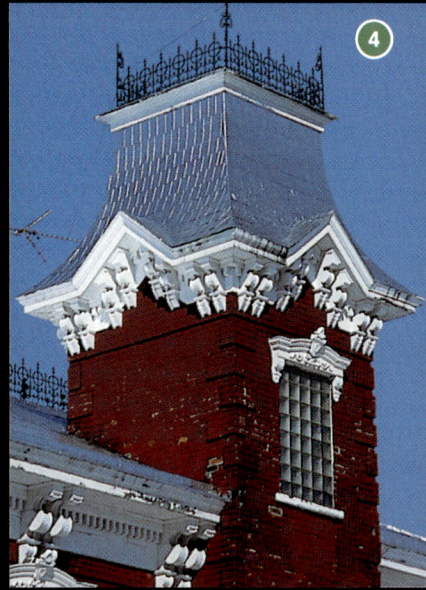

1. Grand pignon avec corniche
2. Console éclectique
3. Entablement classique
4. Tour à toit en pavillon couronné d'une terrasse faîtière
5. Lucarne et balcon
6. Grande-lucarne interrompant l'avant-toit avec fronton cintré
7. Colonnes d'influence égyptienne
8. Corniche avec modillons en paires, influence du Bracketted Style

Utilisant des formes carrées ou rectangulaires simples en brique rouge, à un étage et demi ou deux étages, les maisons de Yamachiche apportent des variantes étonnantes du décor victorien et de son utilisation. En haut, on peut voir une grande résidence villageoise à toit en pavillon dont la troncature est ornée d'une crête métallique. La galerie, en bois découpé, est une réalisation remarquable, et la corniche présente un travail ornemental très élaboré.

↖ Maison avec balcon à l'étage, encadré de deux pilastres surmontés d'un grand arc surbaissé

← Le volume classique anglais, simple, caractérise certaines maisons rurales des environs de Yamachiche. Ici, on a un exemple construit vers 1840 dans un rang de Louiseville.

Que dire de l'éclectisme victorien après avoir contemplé ces réalisations exception-nelles ? Les maisons puisent pêle-mêle dans les vocabulaires classique et italien pour rehausser leur apparence et créer un effet total pour le moins saisissant.

⬆ Maison avec un avant-corps central

↗ La maison Louis-Léon-Lesieur-Désaulniers construite dans la deuxième moitié du XIXe siècle

➡ Maison avec lucarne-pignon en façade et galerie supportée par des pilastres

Les excès de Yamachiche ont trouvé résonance à Louiseville, municipalité voisine, où plusieurs maisons, dont cette construction de style Second Empire, utilisent le même vocabulaire décoratif à la conception lourde.

Galeries avec balustres en fonte
dans la région de Montmagny

Dans la région de Montmagny, reconnue pour ses fonderies, on peut voir beaucoup de galeries de maisons dont la balustrade est fermée au moyen de balustres en fonte.

Balustres en fonte,
dans Bellechasse

Avec le développement des fonderies dans la seconde moitié du XIXe siècle, un nouveau matériau apparaît dans la fabrication des garde-corps de galeries de maisons, la fonte. On coule le matériau dans des moules, et il se prête alors à la fabrication de formes délicates et pleines de fantaisie. On rencontre le plus souvent les arabesques et les grotesques, des formes décoratives inspirées de la Renaissance. Les arabesques adoptent la forme de feuillages développés en symétrie par rapport à un axe principal, généralement un candélabre ou une torchère. Occasionnellement, des animaux s'y enroulent. Les grotesques présentent une superposition d'éléments les uns sur les autres, sans symétrie. On retrouve souvent ces accessoires décoratifs sur les maisons de style Second Empire, avec lesquelles elles partagent une même source d'inspiration Renaissance. Ces motifs ont été popularisés dès 1856 par l'ouvrage remarquable de Owen Jones, *The Grammar of Ornement,* publié à Londres en pleine période victorienne.

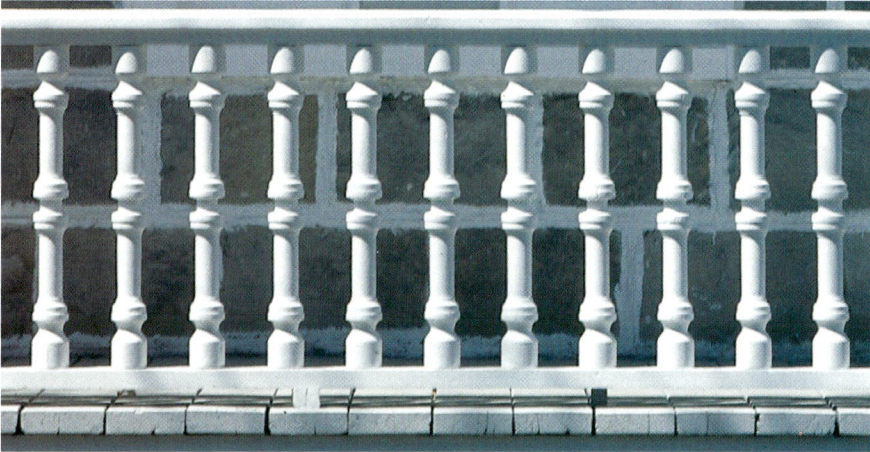

Les balustres, générale-
ment arrondis, ornés de
boudins et terminés à leurs
extrémités par un dé
carré traduisent, eux aussi,
l'influence de la
Renaissance.

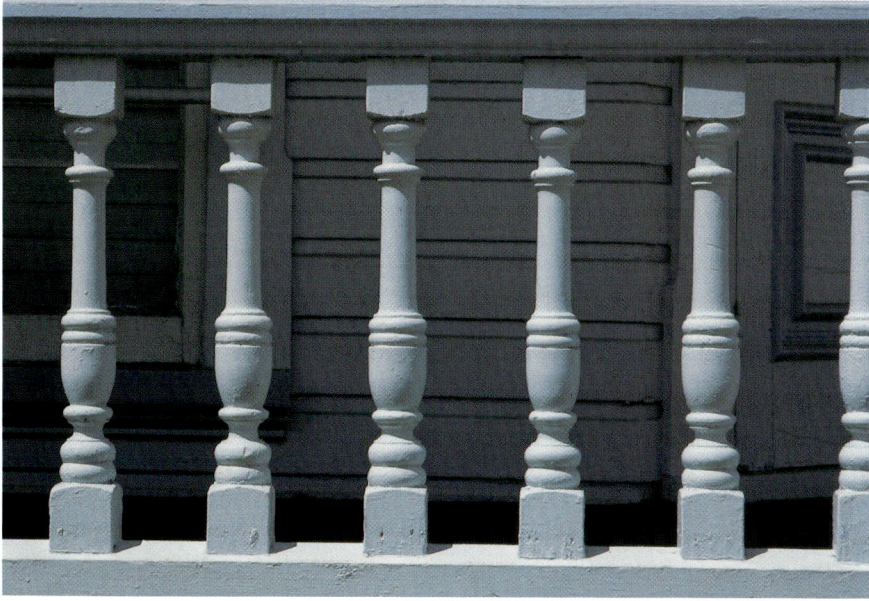

Au XXe siècle, le passé a encore bon goût

Héritage du XIXe siècle et nouvelles tendances

De nouvelles tendances se manifestent dans l'architecture du XXe siècle, mais leur incidence sur la maison de campagne du Québec demeure très relative.

La population rurale cesse de croître à partir de la fin du XIXe siècle. De 919 000 âmes, en 1871, elle passe à 1 060 000 habitants en 1931, ce qui représente une faible augmentation. En milieu urbain, par contre, la population est multipliée par sept au cours de la même période. La construction domiciliaire en milieu rural ne marque ainsi qu'une faible progression dans la première moitié du XXe siècle, et la proportion de nouvelles maisons demeure négligeable par rapport au stock immobilier existant.

Par ailleurs, force nous est de constater que, sur le plan des modes architecturales, les nouvelles approches esthétiques du XXe siècle, soit essentiellement les styles Beaux-arts, Art déco et International, n'exercent pas d'influence significative sur la maison de campagne.

Seuls les styles reconnus qui réhabilitent le passé et prônent le retour aux formes anciennes remportent un certain succès. Dans cet esprit, la copie et la standardisation par l'industrie de modèles ruraux unifamiliaux simples et peu coûteux sont accueillies favorablement par la population. Ces modèles, qui sont présentés en détail dans les catalogues, contribuent à la propagation d'une architecture vernaculaire nord-américaine de type industriel dans toutes les régions du Québec. À l'image de ces entreprises qui associent à un prototype architectural une nouvelle valeur sociale, le gouvernement du Québec, dans son effort pour favoriser la colonisation de nouvelles portions du territoire québécois, diffuse dans les années 1930 un plan de maison dont les vertus économiques et pratiques sont censées aider les nouveaux arrivants à mieux s'établir.

De la même façon, la tradition anglaise Arts and Crafts a des échos en Amérique du Nord et au Québec, où elle fait des adeptes qui tentent de la diffuser. Des États-Unis nous vient aussi la mode du bungalow, dont on trouve des exemples isolés dans toutes les régions du Québec. Les maisons de ces deux tendances réussissent généralement à marier la tradition et les nouveaux procédés de construction.

Considéré par certains comme une variante régionale du Arts and Crafts, le style Prairie aurait pu avoir une incidence importante sur l'architecture vernaculaire québécoise, mais l'histoire en a décidé autrement. Ce style se caractérise principalement par l'horizontalité de son architecture, inspirée des vastes étendues plates du Midwest américain. Si les volumes cadrent avec les principes de l'architecture moderne, l'utilisation combinée de différents revêtements traditionnels réfère à l'esprit Arts and Crafts de la même époque. Plusieurs considèrent le style Prairie, dont l'éclosion s'inscrit dans l'esprit du mouvement britannique, comme une manifestation propre au continent nord-américain. Chez nous, les traces qu'il a laissées dans le paysage rural sont peu nombreuses. Seules quelques grosses maisons à deux étages en forme de cube trahissent son influence.

Le XXᵉ siècle sera marqué par une autre tendance importante, celle du renouvellement des styles. Les maisons et les bâtiments érigés dans cet esprit reprennent les proportions des modèles originaux, mais on les adapte en fonction d'une conception prétendument novatrice. L'éclectisme est de rigueur, et les matériaux utilisés sont contemporains. On recourt notamment au gothique, au Tudor, au Queen Anne et au style Château. Comme son nom l'indique, ce dernier reprend la forme des grands châteaux de la Renaissance, principalement ceux de la vallée de la Loire, en France, et l'adapte à de grands édifices, par exemple les hôtels et les gares. Le château Frontenac en est la plus belle illustration. L'architecture coloniale française transposée au Québec apporte, elle aussi, sa contribution au paysage construit, devenant le Quebec Revival Style. On dénote l'empreinte de ce mouvement principalement dans les grands édifices publics et privés, mais les maisons de certaines banlieues de grandes agglomérations en portent parfois les traces. Son incidence sur l'architecture de la campagne reste négligeable.

À la fin du XXᵉ siècle, on assiste, dans plusieurs nouveaux quartiers, à l'émergence d'une architecture dite «victorienne». Le revêtement et le décor architectural de ces maisons font appel aux nouveaux matériaux synthétiques offerts sur le marché. Ces résidences répondent sans doute à un besoin, chez leurs propriétaires, de rester en terrain connu en se rattachant à des symboles traditionnels, souvent plus sécurisants que les nouvelles formes. On peut voir là un prolongement de la tendance du renouvellement des styles. Bien qu'il en existe des exemples en milieu rural, ce type d'architecture reste, lui aussi, un phénomène de banlieue.

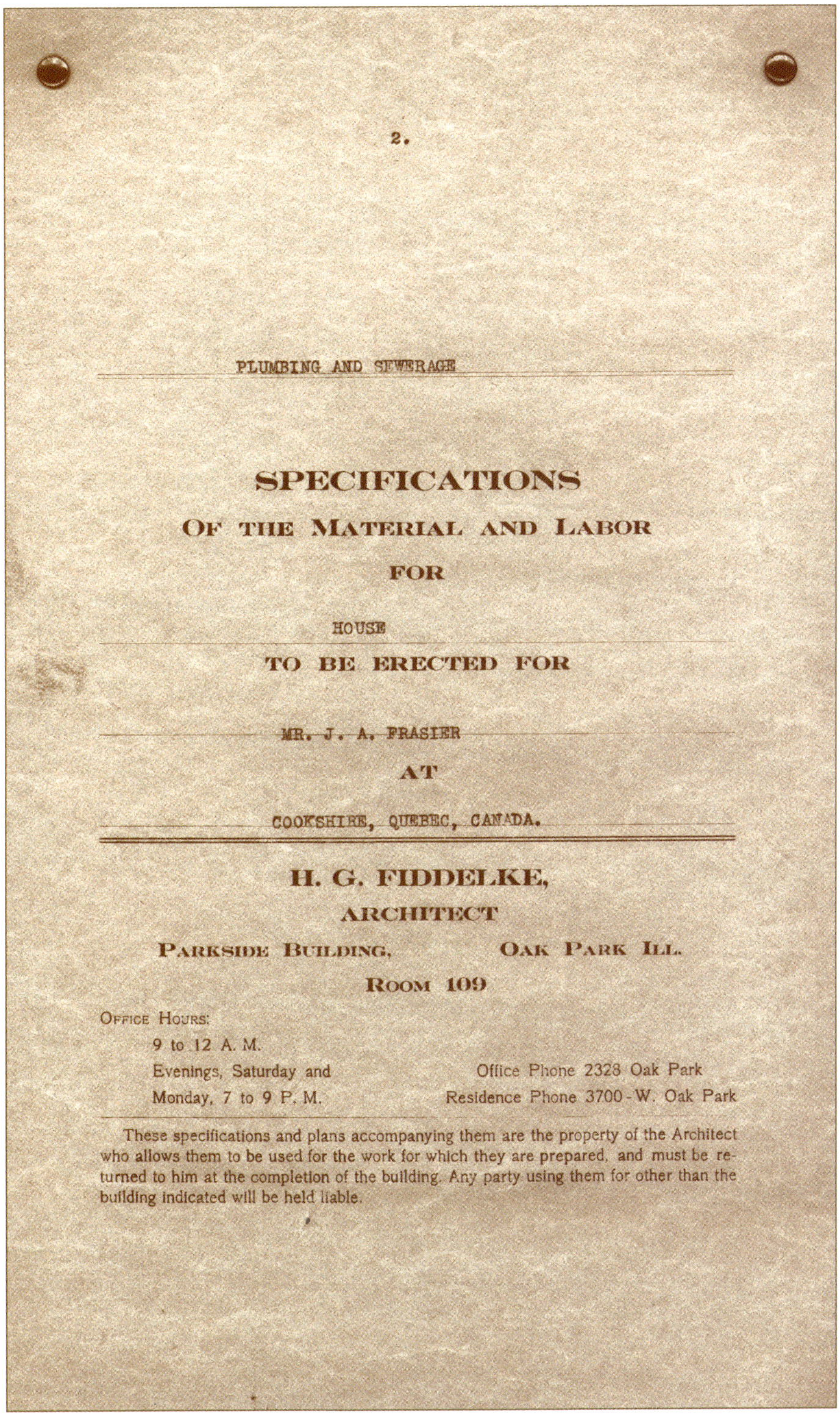

2.

PLUMBING AND SEWERAGE

SPECIFICATIONS

OF THE MATERIAL AND LABOR

FOR

HOUSE

TO BE ERECTED FOR

MR. J. A. FRASIER

AT

COOKSHIRE, QUEBEC, CANADA.

H. G. FIDDELKE,

ARCHITECT

PARKSIDE BUILDING,   OAK PARK ILL.

ROOM 109

OFFICE HOURS:

9 to 12 A. M.

Evenings, Saturday and   Office Phone 2328 Oak Park

Monday, 7 to 9 P. M.   Residence Phone 3700 - W. Oak Park

These specifications and plans accompanying them are the property of the Architect who allows them to be used for the work for which they are prepared, and must be returned to him at the completion of the building. Any party using them for other than the building indicated will be held liable.

Les maisons sont construites soit à partir de plans standard, tels qu'on en trouve sur le marché des constructeurs ou des fabricants de matériaux, soit sur la base de devis, comme ici, lorsqu'il s'agit de constructions dont la conception se démarque.

MODÈLES COMMUNS DE PORTES ET FENÊTRES DANS LA PREMIÈRE MOITIÉ DU XXᵉ SIÈCLE

Au XXᵉ siècle, on trouve le plus souvent des fenêtres simples à guillotine ou des grandes fenêtres. Les fenêtres à guillotine comportent de grands carreaux. Parmi les grandes fenêtres, on trouve des fenêtres jumelées ou des fenêtres avec imposte vitrée.

1. Fenêtres simples
2. Grandes fenêtres
3. Portes

BAIES

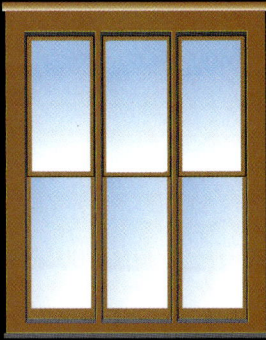

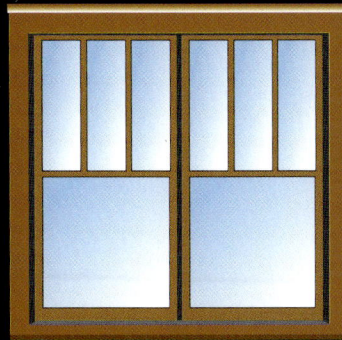

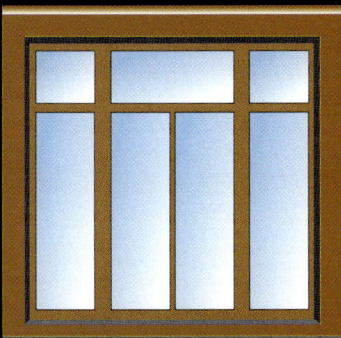

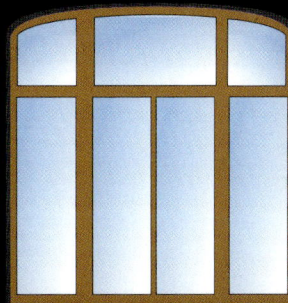

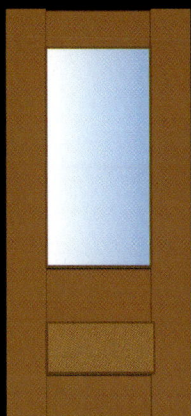

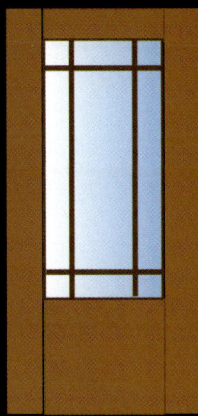

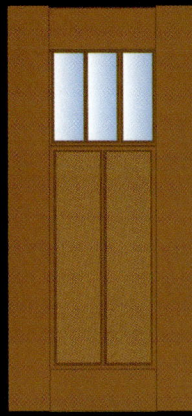

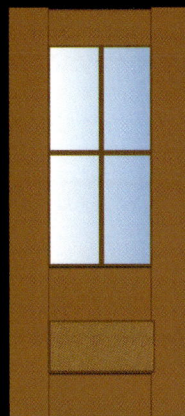

O. Chalifour Inc.

LUMBER AND FINE WOODWORK

PORTES D'ENTREE

Porte double et simple avec câdre

Nous avons constamment en magasin des portes comme les modèles ci-dessous. Nous les manufacturons en grande quantité, ce qui nous permet de les vendre à un prix très attrayant.

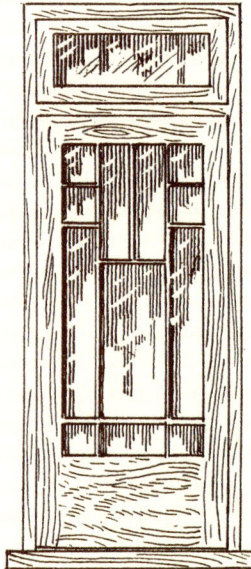 

Frontenac D-S   Québec D-S

FRONT ENTRANCE door and Storm door with frame

Frontenac D-S

Grandeur de la porte.	Epaisseur	Grandeur de la vitre	Grandeur dehors en dehors du cadre.
6'6" x 2'10"	1¾"	sur demande	8' x 3'2½"
Size of door	Thickness	Size of light on demand	Outside dimensions of frame

Québec D-S

Grandeur de la porte.	Epaisseur	Grandeur de la vitre	Grandeur dehors en dehors du cadre.
6'6" x 2'10"	1¾"	40" x 22"	8' x 3'2½"
Size of door	Thickness	Size of light	Outside dimensions of frame

— 16 —

Exemples de portes tirés du catalogue Chalifour de Québec, début du XXᵉ siècle

O. Chalifour Inc.

BOIS ET MENUISERIE DE QUALITÉ
CHASSIS CANADIENS
Toujours en magasin.   Prix avantageux.

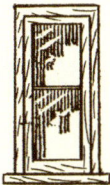
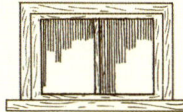

38   39   No 40

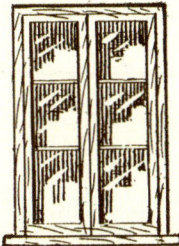

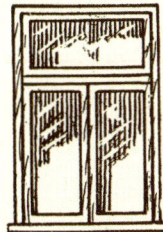

No 41   No 42   No 43

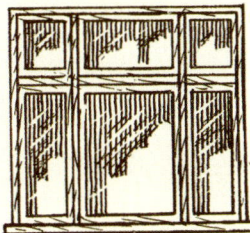

No 44   No 45

No.	Dimensions du cadre	Grandeur dehors en dehors du cadre
38	7" x 3"	3'10" x 1'10"
39	6" x 3'	2' 0" x 3' 0"
40	6" x 3"	4' 3" x 3' 2⅝"
41	6" x 3"	6' 0" x 3' 2⅝"
42	7' x 3"	6' 0" x 3' 2⅝"
43	7" x 3"	6' 0" x 3' 2⅝"
44	7" x 3"	6' 0" x 6' 1¾"
45	7" x 3"	6' 0" x 6' 4½"

CASEMENT OR CANADIAN WINDOWS
Carried in stock.   Attractive price.

— 19 —

Exemples de fenêtres standardisées tirés du catalogue Chalifour de Québec, début du XXᵉ siècle

O.Chalifour Inc.

LUMBER AND FINE WOODWORK
CHASSIS ANGLAIS

Mentionnez, en plus du numéro, l'épaisseur du chassis, la grandeur des vitres, si c'est un chassis double ou simple ; si vous voulez l'avoir avec cadre, mentionnez la largeur et l'épaisseur du cadre.

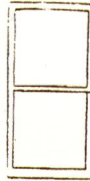    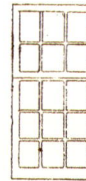

Fig. 1　　Fig. 2　　Fig. 3　　Fig. 4　　Fig. 5

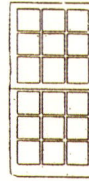 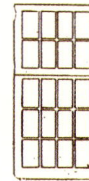 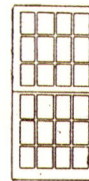 

Fig. 6　　Fig. 7　　Fig. 8　　Fig. 9

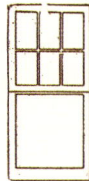 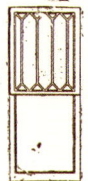 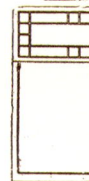 

Fig. 10　　Fig. 11　　Fig. 12　　Fig. 13

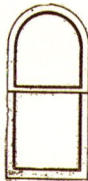 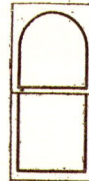 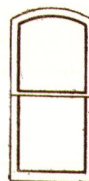 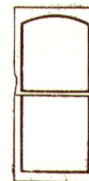

Fig. 14　　Fig. 15　　Fig. 16　　Fig. 17

ENGLISH WINDOWS.　　Made to order.

State whether you want them with frame or the sash only. In addition to the fig. number, please mention the size and thickness and also the number of lights.

— 20 —

Grâce à une production mécanisée, les scieries produisent, dès la fin du XIXᵉ siècle, divers éléments de menuiserie dont différentes fenêtres d'influence anglaise à guillotine, gothique et italienne.

BRIQUE ET IMITATION DE BRIQUE

À la fin du XIXᵉ siècle et au début du XXᵉ siècle, une nouvelle utilisation de matériaux connus ou l'introduction de matériaux inconnus provoquent l'apparition de changements dans la construction. Parmi tous ces changements, plusieurs sont notables : imitation de la pierre de taille à bossage par le biais du bloc de ciment moulé, tôle embossée, utilisation du goudron dans la fabrication de papier de revêtement extérieur et embossage de la tôle pour imiter les matériaux traditionnels.

1. Dans cette maison de la région de Portneuf du début du XXᵉ siècle, on utilise encore la pierre de taille pour souligner le pourtour des ouvertures, alors que la brique sert à la construction des murs.
2. Le papier goudronné imitant la brique se répand largement. Avec l'utilisation de ce nouveau matériau de revêtement, on conserve quand même les planches cornières de la maison, de même que les chambranles.

MATÉRIAUX

BARDEAU D'AMIANTE ET IMITATION DE PIERRE À BOSSAGE

La production d'éléments préfabriqués en ciment atteint un raffinement surprenant. On y trouve des imitations de pierres de taille à surface à bossage, des imitations de pierres de taille de chaînages d'angle, avec surface piquée et bandes de pourtour ciselées, des frises décoratives et même des colonnes cannelées.

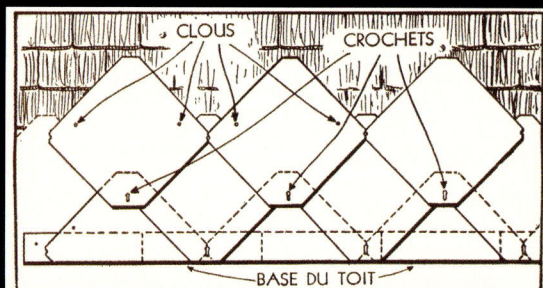

Deux clous et un crochet de cuivre tiennent solidement le bardeau hexagone J-M dans l'ouvrage neuf ou sur un vieux toit.

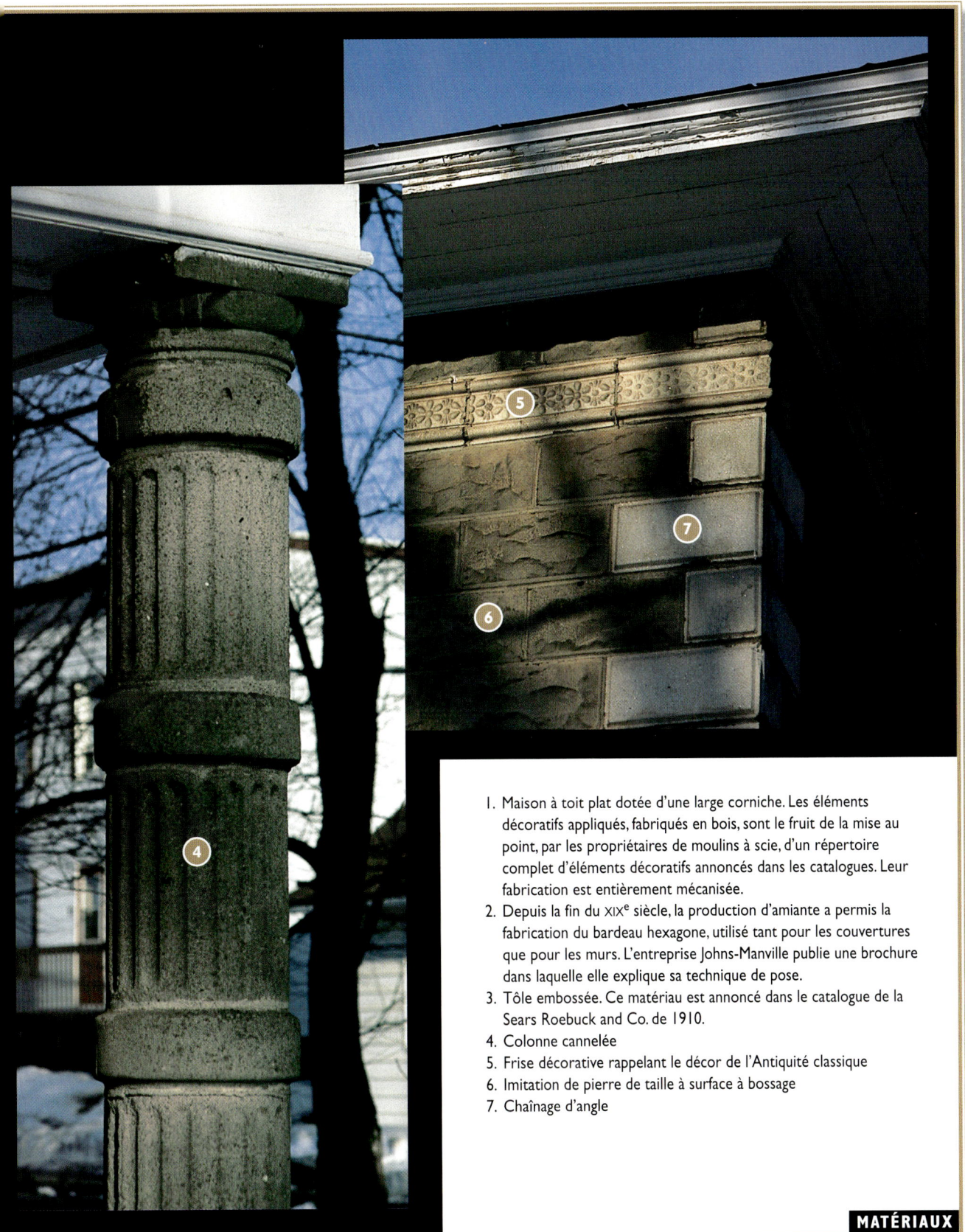

1. Maison à toit plat dotée d'une large corniche. Les éléments décoratifs appliqués, fabriqués en bois, sont le fruit de la mise au point, par les propriétaires de moulins à scie, d'un répertoire complet d'éléments décoratifs annoncés dans les catalogues. Leur fabrication est entièrement mécanisée.

2. Depuis la fin du XIXᵉ siècle, la production d'amiante a permis la fabrication du bardeau hexagone, utilisé tant pour les couvertures que pour les murs. L'entreprise Johns-Manville publie une brochure dans laquelle elle explique sa technique de pose.

3. Tôle embossée. Ce matériau est annoncé dans le catalogue de la Sears Roebuck and Co. de 1910.

4. Colonne cannelée

5. Frise décorative rappelant le décor de l'Antiquité classique

6. Imitation de pierre de taille à surface à bossage

7. Chaînage d'angle

MATÉRIAUX

UNE ARCHITECTURE VERNACULAIRE
À SAVEUR INDUSTRIELLE
(de 1875 à 1950 environ)

Dans la construction comme dans d'autres sphères d'activités, les modes se répandent en empruntant divers canaux. La circulation de traités d'architecture, à partir de la fin du XVIIIe siècle, et l'apparition, au milieu du XIXe siècle, des livres de modèles, les *pattern books,* constituent des facteurs importants de diffusion des modèles architecturaux. Ce phénomène prend toutefois une ampleur inégalée à partir de la seconde moitié du XIXe siècle.

L'expansion des moulins à scie, la mécanisation du travail et l'apparition de machines spécialisées dans la coupe, le façonnement et même la sculpture du bois, sans compter le développement d'un réseau transcontinental de chemin de fer, provoquent une véritable révolution architecturale dès la fin du XIXe siècle. La technique de construction à ossature de bois et la standardisation des colombages — désormais offerts en formats de 2 pouces sur 3 pouces, 2 pouces sur 4 pouces, en longueurs de 6 pieds, de 12 pieds, etc. — se répandent dès les années 1860. Les catalogues de plans se multiplient, proposant des modèles architecturaux numérotés, dessinés en plan et en élévations, et annotés. Ces publications se transforment bientôt en véritables outils de vente. On y trouve une description du site et des installations de l'entreprise qui fabrique les prototypes, une liste des critères de fiabilité, une description détaillée des modèles de même que les procédures de commande et de livraison par train des pièces à assembler selon les instructions et les conditions de garantie de l'entreprise.

Des plans de maisons se répètent au Québec, en Colombie-Britannique, dans les Maritimes, en Nouvelle-Angleterre et dans le centre des États-Unis. Au tournant du siècle, beaucoup de ces plans proviennent des régions de Chicago et de Milwaukee. Un Canadien, Fred T. Hodgson, figure parmi les plus importants concepteurs de plans. Son dessin du Four Square américain, ou maison cubique, apparaît dans le catalogue de la Radford Architectural Company de Riverside, en Illinois, vers 1908.

Le phénomène de la standardisation et de la diffusion des modèles architecturaux atteint son apogée au début du XXe siècle, grâce à la vente par catalogues de maisons en kit, du prêt-à-monter, par les grandes entreprises de l'époque, Eaton et Sears Roebuck. L'habitation vient d'accéder au statut d'industrie.

Les effets conjugués de la standardisation des matériaux et de la conception de plans à des fins de vente au détail entraînent l'apparition

Cette petite maison de campagne de la première moitié du XXᵉ siècle constitue l'étape ultime de l'évolution du cottage rustique apparu au début du XIXᵉ siècle. Simplifié, expérimenté à l'usage, puis éprouvé, le modèle représenté par cette maison est devenu, au tournant du XXᵉ siècle, un standard dont les proportions varient peu. Il est construit avec des matériaux peu coûteux provenant des moulins à scie locaux, ces derniers mettant à profit tous les dérivés du bois qu'il s'agisse de planches, de colombages, de croûtes (dosses) ou de bran de scie pour l'isolation des murs. Les portes et les fenêtres sont de fabrication standard, telles qu'on les trouve, par exemple, dans le catalogue de la firme Chalifour de Québec (voir p. 264 à 266). La galerie reprend le modèle à garde-corps fermé, très répandu dans les maisons de la première moitié du XXᵉ siècle, surtout dans le modèle dit Four Square. Même les piliers sont de fabrication standard.

1. Toit à deux versants commun
2. Grande-lucarne rampante
3. Fenêtre jumelée
4. Toit de galerie
5. Galerie avec garde-corps fermé
6. Pilier de modèle standard
7. Fenêtre standard avec châssis à guillotine
8. Porte de modèle standard

LES MODÈLES VERNACULAIRES COMMUNS AU TOURNANT DU XXᵉ SIÈCLE

1. Modèle caractérisé en façade par la présence d'une grande lucarne-pignon.
2. Modèle en bois, ou en bois recouvert de brique, de forme rectangulaire, avec toit à deux versants droits de pente aiguë à faible. Caractérisé par sa façade localisée sur le mur-pignon, une influence du style néogrec (Greek Revival). Généralement à un étage et demi, mais aussi à deux étages et demi. Disséminé un peu partout au Québec, mais fréquent dans les régions de l'est et du sud du Québec, dont le peuplement est d'origine anglo-saxonne.
3. Modèle habituellement en bois, à un étage et demi, coiffé d'un toit à deux versants munis de demi-croupes. Répandu sur l'ensemble du territoire québécois, mais courant en milieu de colonisation tardive, notamment en Abitibi et au Témiscamingue.
4. Modèle généralement en bois, mais aussi en brique, en forme de rectangle allongé ou de rectangle qui se rapproche du carré, avec toit à

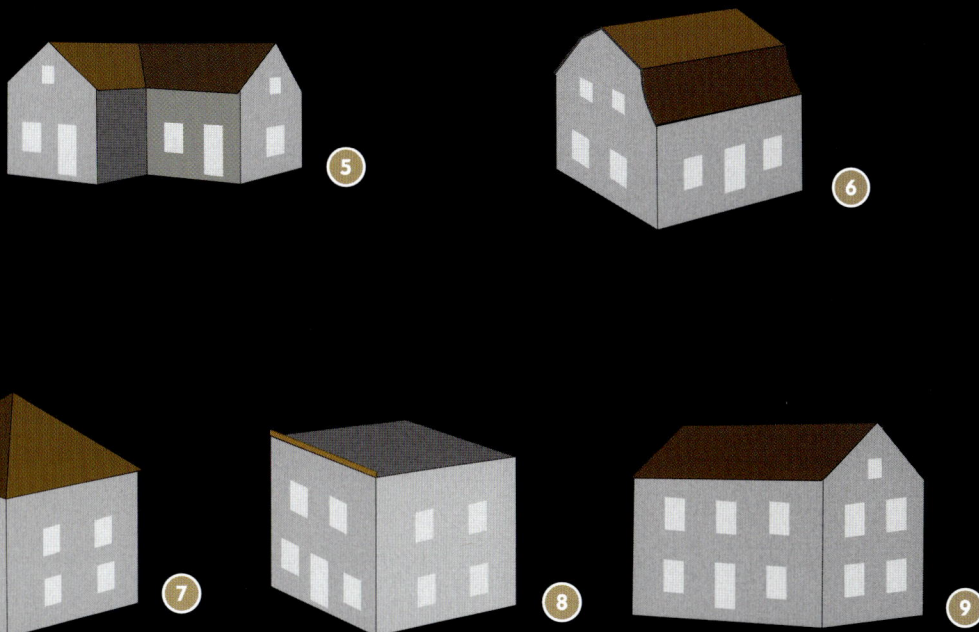

deux versants droits, avec ou sans retour de corniche. Cheminées généralement simples au centre ou aux extrémités du toit. Disposition habituellement symétrique des ouvertures en façade, où l'on note fréquemment une porte centrale avec une ou deux fenêtres de part et d'autre. Il s'agit du cottage à deux versants commun au XIXe siècle. On en trouve plusieurs spécimens en brique dans le sud du Québec, notamment dans les comtés de Châteauguay, Huntingdon, Brome-Missisquoi et Shefford. Le modèle en bois est fréquent en Gaspésie.

5. Modèle en bois ou en brique, généralement à un étage et demi, mais aussi à deux étages et demi, caractérisé par son plan en L. Disséminé un peu partout au Québec et fréquent dans les Cantons-de-l'Est.

6. Modèle en bois, ou en bois recouvert de brique, à deux étages, de forme rectangulaire ou qui se rapproche du carré, avec toit brisé sur deux eaux. Largement répandu sur le territoire québécois, il apparaît vers 1860 et dérive du style Second Empire.

7. Modèle habituellement en bois, en bois recouvert de brique, ou en bois recouvert de blocs imitant la pierre à bossage, à toit en pavillon, que l'on rencontre tant en milieu rural qu'en milieu urbain. Largement répandu sur l'ensemble du territoire québécois, où il se prête à de nombreuses variantes de styles. Construit à partir de la fin du XIXe siècle. Le Four Square américain.

8. Modèle habituellement en bois ou en bois recouvert de brique, plutôt urbain, mais parfois rural. Répandu sur l'ensemble du territoire québécois. Construit à partir de la fin du XIXe siècle.

9. Modèle en bois, quelquefois en bois recouvert de brique, à deux étages et demi, de forme rectangulaire, avec toit à deux versants droits de pente faible. On le rencontre un peu partout au Québec. Souvent utilisé comme grande maison de ferme.

MODÈLES

de modèles vernaculaires attrayants très typés qui offrent, aux yeux d'un large public, des avantages certains : simplicité de construction, disponibilité des matériaux et, par le fait même, faibles coûts. Dans bien des cas, ces modèles sont à toutes fins pratiques identiques aux modèles traditionnels conçus dans la seconde moitié du XIXᵉ siècle, une source d'inspiration pour les concepteurs de maisons illustrées dans les catalogues.

Comment la reconnaître ?

Il est impossible, si l'on ne dispose pas d'une information historique fiable, de distinguer parmi toutes ces maisons celles qui respectent un plan strict de celles qui en sont des adaptations ou des copies, sans compter qu'il suffit au constructeur de combiner quelques traits architecturaux différents pour produire un nouveau modèle.

Au début du XXᵉ siècle, on trouve déjà un peu partout des maisons à un ou deux étages surmontées d'un toit à deux versants. Ces modèles sont largement repris par les fabricants et les distributeurs de maisons standardisées. Il en résulte une architecture domestique commune où prédominent les toits à deux versants droits sans égout.

Les murs de ces maisons, construits avec ossature de bois, sont isolés au moyen de bran de scie, puis habillés d'un revêtement de planches sur lequel on appose de l'écorce de bouleau ou du papier goudronné. La finition extérieure fait le plus souvent appel à la planche horizontale ou au bardeau de bois ou d'amiante, mais le papier brique, la tôle pressée et la pierre artificielle sont également employés. Certaines maisons sont recouvertes d'un parement de brique. L'ornementation habituelle, réduite à sa plus simple expression, consiste en planches avec ou sans moulures de contour, appliquées autour des ouvertures et sur les coins du carré de maison.

Les maisons à un étage et demi épousent un plan rectangulaire ou en forme de L. Dans ce dernier cas, deux corps de bâtiment s'imbriquent l'un dans l'autre à angle droit. Il en existe un modèle dont chaque extrémité du toit se termine en demi-croupe. La forme en L remonte aux années 1840-1850, alors qu'elle a été popularisée par les cottages de style néogothique et la villa « à l'italienne », en plus d'être imprégnée de l'esprit du courant Pittoresque du début du siècle.

De nouveaux modèles font bientôt leur apparition dans ce paysage familier pour répondre à une demande à laquelle, semble-t-il, les modèles existants ne peuvent satisfaire. Ces constructions plus volumineuses et plus spacieuses trouvent preneur tant en milieu rural que dans les villages et les zones suburbaines. On en distingue trois types : le modèle carré coiffé d'un toit en pavillon, le modèle carré à toit plat et le modèle rectangulaire à deux étages avec toit à deux versants peu pentus.

Le premier modèle, une silhouette familière dans notre paysage construit, connaîtra un succès colossal sur l'ensemble du territoire québécois. Aux États-Unis, on l'appelle familièrement le Four Square. Frank Kidder, architecte de Denver, en est le concepteur en 1891. C'est une grande maison généreuse sur le plan de l'espace, puisque l'imposant carré offre deux pleins étages disposés l'un au-dessus de l'autre. La structure est coiffée d'une pyramide basse avec ou sans troncature, quelquefois agrémentée d'une terrasse, et le versant avant est souvent percé d'une grande lucarne. À cet égard, on peut parler d'une révolution dans l'architecture domestique, où le toit à deux versants régnait jusqu'à présent en maître. Le raffinement du procédé de recouvrement du toit au moyen de la tôle, une solution économique, permet de réduire la pente des versants sans crainte d'infiltration d'eau. Le carré avec ses deux étages devient très logeable, presque autant qu'une grande maison bourgeoise du milieu du XIXe siècle. C'est le luxe de l'espace à la portée de tous, ou presque… Tous les revêtements extérieurs sont admis : matériaux traditionnels comme la planche horizontale et le bardeau de bois, mais aussi le bardeau d'amiante, la tôle embossée et le bloc moulé imitant la pierre de taille. Avec les renouveaux stylistiques qui caractérisent les premières décennies du XXe siècle, la maison carrée s'abreuve à toutes les modes et se pare de toutes sortes d'habillages empruntés aux styles romantiques précédents et même aux styles contemporains : néoclassique, néogothique, néo-italien, néo-Queen Anne, colonial américain, et même Arts and Crafts et Prairie. Elle s'adresse à toutes les clientèles, parsème les campagnes et les villages, et se risque même dans les quartiers urbains. Le grand succès de ce modèle annonce les nouvelles règles de marketing du XXe siècle : beau, bon, pas cher, et s'adaptant à toutes les clientèles.

La maison carrée se mesure, dans la plupart des régions du Québec, à deux concurrents. Le premier, plutôt discret, est un modèle urbain égaré à la campagne : une maison carrée surmontée d'un toit plat goudronné. Le second, plus tenace, lui fait une sérieuse concurrence par sa logeabilité. Il s'agit d'un grand rectangle à deux étages, coiffé d'un toit à deux versants dont la pente varie de moyenne à faible.

Le petit cottage en bois à toit à deux versants droits fournit l'un des modèles les plus répandus de l'architecture vernaculaire industrielle.

⬈ La maison au plan en L est très populaire dans les catalogues et revues d'architecture du tournant du XXᵉ siècle. Ici, on en voit un exemple. Il est situé dans le comté de Lotbinière.

➡ Autre exemple de maison au plan en L. L'esprit classique continue de s'exprimer par la logique de l'organisation des ouvertures et par la hiérarchie verticale des éléments architecturaux. La présence de planches cornières et de chambranles autour des fenêtres rappelle les ordres antiques.

Exemple de maison au plan en L, dans la région du Richelieu

L'Est-du-Québec, particu-lièrement la Gaspésie, reprend le modèle de petit cottage classique à un étage et demi avec grande lucarne-pignon en façade avant. Ce modèle devient, comme au Nouveau-Brunswick, une silhouette caractéristique du paysage architectural.

La maison au plan en L demeure populaire au XXe siècle et se présente souvent sous la forme d'un cottage rural à charpente de bois recouverte de brique. Ici, on peut voir un exemple de la région des Bois-Francs.

La maison avec lucarne-pignon en façade se présente, elle aussi, sous la forme d'un cottage rural à charpente de bois recouverte de brique. Ici, un autre exemple de la région des Bois-Francs.

↗ Cottage à toit à deux versants typique de la région des Cantons-de-l'Est. L'inconvénient du demi-étage dans le cottage à toit à deux versants est comblé du fait de la surélévation du carré entre le solage et la corniche. On récupère ainsi plus d'espace dans les combles, l'un des avantages de la maison à toit brisé.

↪ Autre exemple, près de Victoriaville

La maison de forme cubi-
que, appelée Four Square
aux États-Unis où elle est
conçue en 1891, constitue
une véritable révolution de
l'habitation au tournant du
XXᵉ siècle. Spacieuse, économique, simple à cons-
truire, elle se prête à tous
les revêtements et est
habillée à l'enseigne de
plusieurs styles. Sa sou-
plesse conquiert la campagne québécoise où elle
assure rapidement sa
grande popularité. On
retrouve fréquemment une
grosse lucarne à croupe
sur le devant de la toiture.

Ici, on en a trois exem-
ples : à Baie-Saint-Paul (en
haut à gauche), à Sainte-
Foy (en bas à gauche)
et à Saint-Charles-de-
Bellechasse (à droite).

Le Four Square, tel que
représenté dans le
catalogue de 1928 de la
firme canadienne Halliday

Le cube de base n'est pas assez grand ? Qu'à cela ne tienne ! Un second volume aux proportions identiques sera ajouté à l'arrière et complétera le corps principal.

Le modèle du Four Square est construit en bois recouvert de brique, ou en bois généralement recouvert de bardeau de bois ou de bardeau d'amiante, ou encore de blocs moulés imitant la pierre à bossage. Le décor se limite aux planches cornières et à une corniche de toit habituellement assez simple constituée d'un élément de base, une sorte de bandeau. La galerie est généralement un accessoire important retrouvé à tout le moins en façade, sinon sur les côtés.

Ici, deux exemples. L'un dans Bellechasse (en haut à gauche). Un autre dans l'Outaouais (en bas à gauche).

Ci-haut, un modèle à toit plat, comportant une fenêtre typique à imposte vitrée.

Le modèle urbain à toit plat recouvert de goudron et de gravier s'aventure, lui aussi, dans la campagne à certaines occasions.

➲ On rencontre aussi ce modèle en bois. Il possède quelquefois un ajout sur l'angle arrière. On note l'évocation d'une tour carrée, manifestation d'un éclectisme tardif.

Modèle en bois de la région de Lotbinière, avec grande-lucarne à demi-croupe

🔾 Ce modèle à toit plat recouvert de goudron et de gravier se distingue par ses éléments décoratifs : corniche élaborée surmontée d'un fronton semi-circulaire.

🔾 Dans la première moitié du XXᵉ siècle, ce modèle de petite maison unifamiliale avec demi-croupes aux extrémités du toit apparaît ici et là sur le territoire. L'exemple comporte des blocs moulés imitant la pierre. Les colonnes de la galerie sont, elles aussi, fabriquées selon un procédé industriel.

Le modèle reprend aussi celui de la maison du XIXᵉ siècle d'influence grecque avec sa façade disposée sur le mur-pignon.

🔸 Modèle commun de maison vernaculaire en bois où la façade est disposée sur le mur-pignon.

Par sa souplesse et l'abondance d'espace utilisable, la maison à deux étages à toit à deux versants à pente faible concurrence le Four Square. Généralement en bois, on la rencontre tout au long de la première moitié du XXe siècle, notamment dans les rangs d'arrière-pays et dans les régions de colonisation tardive.

295

Maison de même modèle qu'à la page précédente, mais cette fois, dans la région des Bois-Francs

Certains spécimens se distinguent par leur décor éclectique : grande galerie en façade, colonnes tournées, balustrade constituée de balustres, poteaux corniers tournés et autres détails. Le bardeau d'amiante comme recouvrement extérieur des murs est typique de cette période de la première moitié du XXᵉ siècle.

Voici une maison à deux étages à toit à deux versants de pente faible, située dans un secteur de villégiature, près de Berthierville. Ce modèle est en bois recouvert de bardeau d'asphalte. Avec sa composition d'ensemble classique, des chambranles simples autour des ouvertures, une galerie bien proportionnée aux piliers toscans, comme ici, ou doriques, on comprend que ce modèle ait pu plaire par sa distinction.

🔼 Petite maison du même modèle avec galerie à l'étage, près de Saint-Sylvestre

◀ Ce modèle se présente souvent sous la forme d'une maison de ferme, comme c'est le cas ici.

STYLES DU XXᵉ SIÈCLE

Toujours le même modèle, mais cette fois-ci, dans la région de Saint-Augustin-de-Desmaures. De plus, cette maison possède une cuisine d'été.

⊘ La maison vernaculaire industrielle assimile du passé les principes d'organisation des éléments architecturaux et les rend sous une forme nouvelle.

⊘ À l'exemple des habitants de l'Est-du-Québec, ceux des Îles-de-la-Madeleine ont largement donné leur faveur à ce modèle de petit cottage classique à un étage et demi comportant une grande lucarne-pignon en façade avant.

Dans l'Est-du-Québec, la fréquence et la force des vents sont à l'origine d'une amélioration particulière de la maison. On y a ajouté un tambour qui sert en quelque sorte de sas de transition entre l'extérieur et l'intérieur de la maison. Cette innovation touche autant la façade que les entrées de cave et les entrées arrière de maisons.

Le gouvernement comme concepteur de plans

L'industrie n'est pas la seule à trouver son intérêt à mettre sur le marché des plans de maisons à coût modique. Dans la première moitié du XXᵉ siècle, la population du Québec connaît une augmentation prodigieuse dont les conséquences sont immédiates : étirement du tissu de peuplement et mouvances colonisatrices. Beaucoup de petits villages voient le jour, alors que la population des campagnes continue d'augmenter. Les autorités gouvernementales sentent le besoin de mieux s'organiser et tentent de fournir une aide aux nouveaux arrivants. Le département de la Colonisation du gouvernement du Québec, fondé en 1887, se donne pour mission de favoriser et d'encadrer la concession de terres. Les régions principalement visées sont l'Abitibi, le Témiscamingue, les plateaux de la Gaspésie, la Haute-Beauce et le pourtour du Lac-Saint-Jean. On produit des brochures d'information pour les nouveaux arrivants.

Le gouvernement joue dès lors un rôle dans l'élaboration de modèles vernaculaires de type industriel. On assiste ainsi, dans le cadre de l'adoption du plan Vautrin, en 1933, à l'éclosion d'un modèle architectural simple et de construction facile. Cette petite maison qui compte une porte centrale flanquée d'une fenêtre de chaque côté mesure environ 20 pieds sur 24 pieds, sa superficie totale est donc d'un peu moins de 500 pieds carrés. La toiture présente des versants droits. Une petite cave est aménagée au centre de la maison, qui repose, idéalement, sur un solage de

Petite maison de colonisation, à l'entrée d'un village de Lotbinière

pierre, ou encore sur des poutres de cèdre. La hauteur des murs, en charpente à claire-voie, atteint 12 pieds, et celle des plafonds, 8 pieds.

Dans les faits, ce modèle existait déjà au tournant du XIXe siècle. Le plan trahit davantage une volonté de codification de règles de construction que le souci de concevoir un modèle rigide. Dans la mesure où il a été adopté dans diverses régions, on en a produit différentes versions qui varient surtout par le nombre d'ouvertures en façade et par les dimensions du carré. Dans certains cas, le plan a été copié ou reproduit, mais a subi un certain nombre de modifications. Il en résulte une petite maison dont la conception architecturale est redevable tant à l'esprit classique — dont elle retient la conception générale, les proportions et la disposition des ouvertures ordonnées et quelquefois symétriques —, qu'à l'influence du milieu — cette dernière se traduisant par des proportions qui sont tributaires des dimensions standard des matériaux dont on disposait alors et des techniques de débitage en usage dans les moulins à scie : planches, madriers, colombages et bardeaux.

Ces maisons de « colonisation dirigée », comme certains les ont si justement appelées, sont facilement repérables dans le paysage québécois. Elles parsèment toutes les régions touchées par la colonisation dans la première moitié du XXe siècle, soit, principalement, l'Abitibi, le Témiscamingue, les plateaux de la Gaspésie, la Haute-Beauce, le pourtour du Lac-Saint-Jean, les Bois-Francs, et les comtés de Mégantic et de Lotbinière.

Le même modèle dans Bellechasse

UNE MAISON STANDARD POUR LE COLON

En 1937, le ministère de la Colonisation met à la disposition des colons un plan type de maison. Ce plan type combine un plan simple standardisé avec des matériaux, eux aussi standardisés.

On est donc en présence d'une maison à ossature de bois, de 24 pieds de largeur sur 20 pieds de profondeur, aux murs creux remplis de bran de scie, et au toit à deux versants. Le tout construit avec des matériaux standardisés et économiques, disponibles au moulin à scie le plus proche : colombages, madriers, planches et bardeau scié. La maison fait partie d'une stratégie d'ensemble de retour à la terre orchestrée par l'État. Et au bout du processus, on a la paix et la prospérité dans sa propre maison.

1. Façade du plan type
2. Élévation latérale du plan type
3. *La Paix et la Prospérité* attendent le colon dans ces nouvelles régions de colonisation.

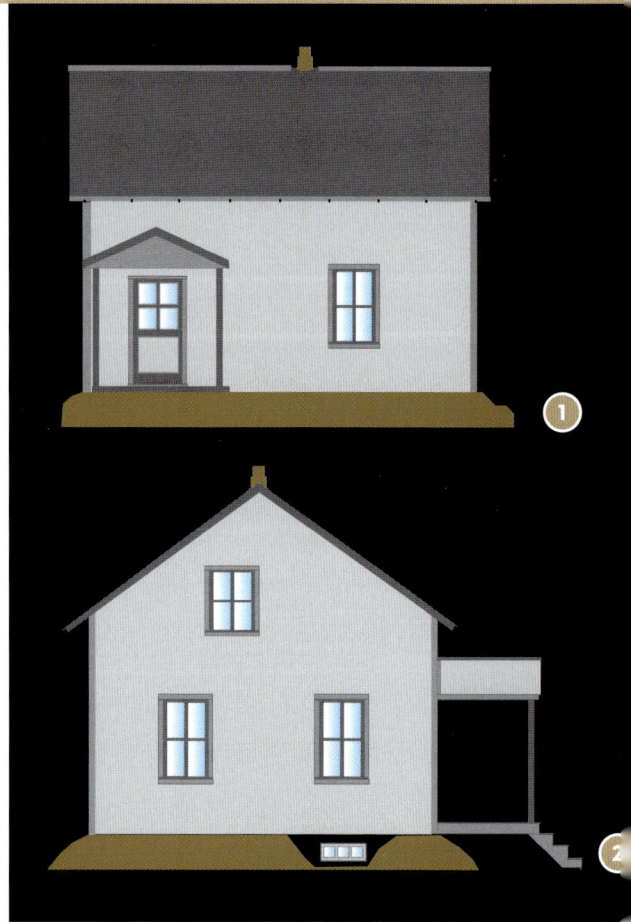

La Paix et la Prospérité

MODÈLES

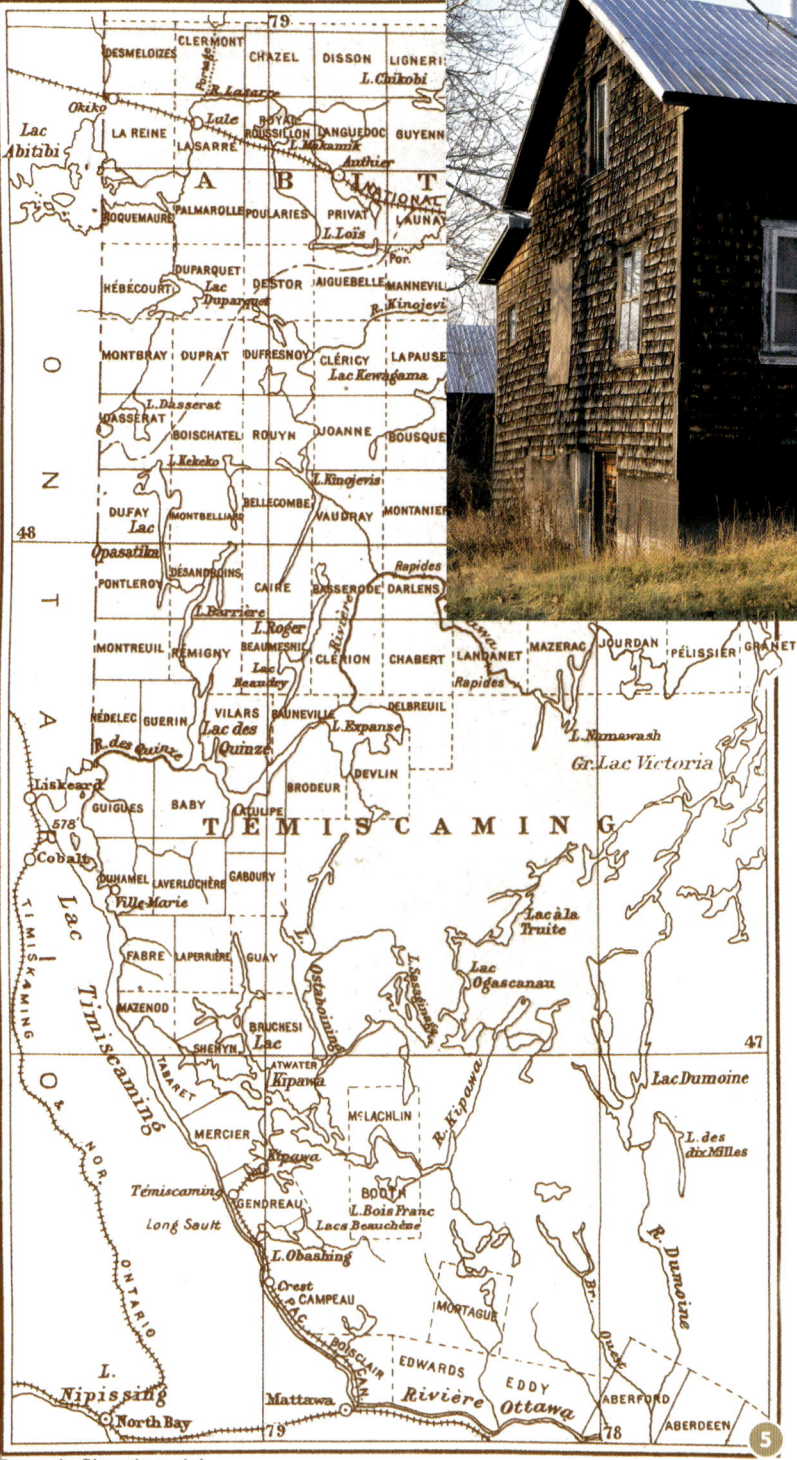

4. Maison de colonisation, dans le comté de Lotbinière
5. L'Abitibi et le Témiscamingue sont considérés en 1917 comme des pays d'avenir et on y construira plusieurs exemples de cette maison standard.

Le modèle de maison de colonisation, très populaire dans les premières décennies du XXe siècle, est repris lors de concours d'architecture récompensés par le gouvernement du Québec.

◑ Maison de colonisation, près de Saint-Gilles dans Lotbinière

◑ Une autre maison de colonisation, cette fois près de Laurierville

Même si elle utilise un vocabulaire ornemental très simple, limité à des planches cornières et à des chambranles autour de ses ouvertures, la maison « de colonisation dirigée », aux fenêtres à six carreaux, fait appel à des proportions éprouvées responsables de sa réussite esthétique.

UN ÉCRIVAIN BRETON À PÉRIBONKA

Né à Brest dans une famille d'universitaires bretons, Louis Hémon (1880-1913) se refuse au métier de fonctionnaire pour succomber à sa passion des voyages. Il quitte la France pour se rendre à Londres, puis s'embarque à destination de Montréal en 1911. Ses pérégrinations l'amènent finalement au Lac-Saint-Jean où il écrit, dans une petite maison de colonisation de Péribonka, son célèbre roman, *Maria Chapdelaine*. Paru au Québec, en 1916, celui-ci remportera un énorme succès.

La maison Samuel-Bédard, une charmante petite maison de colonisation où Louis Hémon a séjourné à titre de journalier en 1913, est aujourd'hui classée monument historique. Elle est située sur le terrain du musée Louis-Hémon, à Péribonka.

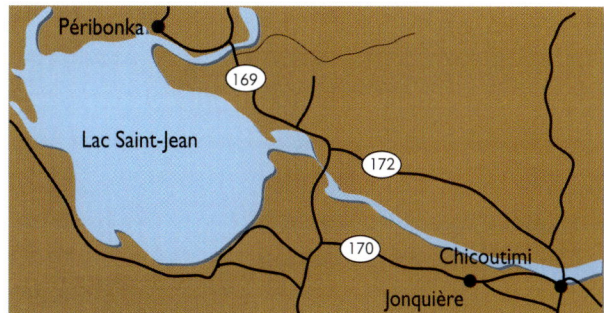

ENSEMBLES

LE MOUVEMENT ARTS AND CRAFTS ET LA CAMPAGNE ANGLAISE
(de 1910 à 1940 environ)

Le mouvement Arts and Crafts est fondé au XIXᵉ siècle par des théoriciens, architectes et créateurs baignant dans l'atmosphère de l'Angleterre victorienne. Ses principaux instigateurs sont John Ruskin (1819-1900), un historien de l'art, et William Morris (1834-1896), créateur et écrivain. Bien que certains le considèrent comme un style, la plupart des auteurs, comme d'ailleurs ses propres fondateurs, le rangent plutôt parmi les mouvements. L'esprit Arts and Crafts favorise l'individualisme et la création de produits fabriqués à la main, tout en remettant en question les choix de matériaux faits par les contemporains.

Les premiers exemples architecturaux qualifiés de Arts and Crafts empruntent encore au vocabulaire gothique, mais la symétrie classique est abandonnée. Dorénavant, la conception de l'intérieur déterminera l'apparence extérieure, et non le contraire, comme dans la grande tradition classique. Au lieu de rejeter les traditions de construction locales, le mouvement prône au contraire leur application. Les premières constructions comportent souvent une partie supérieure en colombage, une partie inférieure en brique et des fenêtres à meneaux, dérivées des styles régionaux anglais. En fait, les architectes du mouvement souhaitent faire revivre les formes anciennes de l'architecture domestique rurale anglaise. Leur conception architecturale se caractérise par l'utilisation de plans informels, par le choix d'une décoration très simplifiée et par une volonté d'harmonisation avec l'environnement physique et naturel.

Aux États-Unis, le magazine *The Craftsman,* publié entre 1901 et 1916 par Gustav Stickley, contribue largement à la diffusion des idées du mouvement. Mais le Arts and Crafts a la particularité qu'on l'interprète différemment selon que l'on se trouve sur la côte Ouest — une région parsemée de missions espagnoles —, dans le Middle West — dont le paysage est modelé par les vastes plaines — ou sur la côte Est — où la population tient à son passé colonial.

En Californie, l'ajout systématique de porches, de patios et de pergolas aux résidences contribue à la création d'un style quasi régional dominé par le bungalow. Ce modèle de maison qui s'étend au moyen de porches se caractérise par des murs revêtus de bardeau de bois, des supports élaborés, et un premier étage en surplomb par rapport au rez-de-chaussée. Les chevrons dépassent la toiture, ce qui lui donne une allure distinctive. Dans le Middle West, Frank Lloyd Wright (1867-1959) popularise les grandes maisons, d'un seul étage, aux lignes horizontales (voir le style Prairie, p. 342).

La maison Arts and Crafts s'inspire vaguement de la chaumière anglaise. Cela explique sans doute cette prédilection pour les demi-croupes sur le toit ou sur les lucarnes, l'utilisation de lucarnes rampantes et le recouvrement des murs en stuc (comme ici) ou en bardeau de bois, traits caractéristiques de l'architecture vernaculaire anglaise et de l'architecture coloniale nord-américaine. Dans l'exemple que nous avons choisi, le versant avant du toit se prolonge au-dessus de la galerie avant, une caractéristique partagée aussi par le bungalow du début du siècle. Il en est de même des piliers de galerie, un modèle trapu inspirant la solidité.

On retrouve des fenêtres jumelées ou des fenêtres à deux meneaux, dont le châssis supérieur est divisé en petits carreaux en forme de losange.

1. Toit à deux versants
2. Grande-lucarne
3. Demi-croupe
4. Lucarne rampante
5. Souche de cheminée en brique
6. Extrémité visible des pièces de charpente de toit
7. Le versant avant se prolonge en ligne au-dessus de la galerie.
8. Piliers de galerie
9. Fenêtre à deux meneaux

313

Au Québec, l'enseignement que donne à l'Université McGill l'architecte écossais Percy Nobbs, embauché comme professeur dès son arrivée au pays en 1903, est imprégné de l'esprit du mouvement Arts and Crafts. Si l'influence générale de ce mouvement s'exerce tant sur l'architecture que sur le mobilier, les maisons à un ou deux étages conçues dans cet esprit demeurent son héritage le plus visible en sol québécois.

Le Arts and Crafts, dont les principes s'appliquent aisément dans un cadre naturel, par exemple les forêts du Maine, marque aussi de son empreinte l'architecture de villégiature. Beaucoup de camps sont dotés de murs en rondins, d'un toit en bardeau et d'une véranda. Entre les années 1920 et 1950, plusieurs secteurs de villégiature s'agrémentent ainsi de chalets rustiques en rondins, les *log cabins,* dont la conception architecturale et les matériaux s'inscrivent dans l'esprit du Arts and Crafts. Chez nous, on trouve ce type de construction, qui a acquis ses lettres de noblesse, sur le site du domaine du Baron Empain, à Sainte-Marguerite-du-Lac-Masson, dans les Laurentides.

Comment le reconnaître ?

Les maisons d'esprit Arts and Crafts, habituellement de forme rectangulaire, comportent un étage et demi ou deux étages et sont coiffées d'un toit à deux versants de pente moyenne ou faible. Sous l'extrémité des versants de toit, les chevrons, visibles, donnent une allure rustique à la bâtisse, impression que vient dans bien des cas renforcer la présence de grosses consoles en bois. Les extrémités du toit, tant sur le corps principal du bâtiment que sur les lucarnes, se terminent en demi-croupes. Plusieurs maisons sont en outre agrémentées d'une grande lucarne rampante. Le bungalow partage plusieurs de ces caractéristiques avec la maison Arts and Crafts, ce qui les rend souvent très proches l'un de l'autre sur le plan architectural.

La subdivision des carreaux des fenêtres, en forme de losange, rappelle l'influence du gothique sur le mouvement Arts and Crafts, tandis que les grandes-lucarnes rampantes et les demi-croupes aux extrémités du toit évoquent les chaumières anglaises, première source d'inspiration du mouvement.

PORTE ET FENÊTRES ARTS AND CRAFTS ET BUNGALOW

Au XXᵉ siècle, la simple fenêtre à guillotine coexiste avec la fenêtre avec imposte vitrée, retrouvée sur la majorité des modèles Arts and Crafts, Bungalow, Prairie et vernaculaires de l'époque. La juxtaposition de fenêtres ou de battants serait une influence gothique.

1. Fenêtre simple à guillotine
2. Fenêtre avec imposte
3. Fenêtres jumelées
4. Fenêtres juxtaposées
5. Fenêtres à deux meneaux
6. Porte

Modèle de maison d'esprit Arts and Crafts proposé par le catalogue Aladdin, au début du XXᵉ siècle

Modèle de maison Arts and Crafts dessiné par Gustav Stickley et publié dans la revue *The Craftsman*. Le revêtement de stuc sur les murs est choisi, car il imite les revêtements des chaumières anglaises dont les murs sont enduits ou crépis.

La chaumière anglaise, avec ses grosses cheminées de pierre ou de brique, son toit à deux versants, ses murs rustiques et ses grandes-lucarnes aux fenêtres à meneaux inspire les concepteurs du mouvement Arts and Crafts.

La chaumière anglaise comporte souvent un corps principal auquel s'adjoignent des corps secondaires. La présence de fenêtres à meneaux est typique.

PAIGHTON
Kirkham Cottage

COTTAGE AT MEDMENHAM, ENGLAND, SHOWING SYMMETRICAL GABLE DESIGN AND FRONT COURT, THE RESULT OF AN UNUSUALLY ATTRACTIVE PLAN : ARNOLD MITCHELL, ARCHITECT.

Modèle de cottage à deux ailes publié dans la revue *The Craftsman*. Les pignons sont mis en évidence (en haut).

En 1909, George Seddon Oliver, ingénieur civil dont le bureau est situé rue Saint-Pierre à Québec, achète le lot sur lequel apparaîtra bientôt cette maison à deux étages utilisée comme résidence de villégiature de la Côte-de-Beaupré. Les deux pignons donnent un effet rustique (en bas).

Dans cet exemple du comté de Brome-Missisquoi, on note une association fréquente de matériaux : brique au rez-de-chaussée et bardeau à l'étage. Des fenêtres juxtaposées, inspirées de la fenêtre à meneaux de la chaumière anglaise, percent la partie supérieure.

Dans cet exemple du comté de Bellechasse, la porte principale à petits carreaux, son toit supporté par une console élaborée, les fenêtres jumelées de l'avant-corps en saillie, le pignon central et le recouvrement de bardeau révèlent l'influence Arts and Crafts.

➤ La maison en forme de cube se présente ici dans sa version Arts and Crafts. On dirait un oursin couvert de ses épines, en l'occurrence un recouvrement complet de bardeau avec les extrémités de chevrons de toit très visibles. La présence de fenêtres jumelées ou juxtaposées et le toit en appentis à l'arrière témoignent aussi de l'influence Arts and Crafts.

➤ Lointaine héritière du mouvement Arts and Crafts, cette maison en brique à deux étages et demi affiche discrètement ses affiliations à ce style. La lucarne rampante, la demi-croupe de toit et les fenêtres à meneaux en sont une évocation.

DANS LES LAURENTIDES, LES CHALETS RUSTIQUES D'UN BARON BELGE

En 1935, le baron Louis Empain, un Belge, fait l'acquisition d'un domaine de 3000 acres dans les Laurentides. L'audacieux homme d'affaires y réalise son projet d'ouvrir le premier centre de villégiature moderne au Québec. Il nomme ce centre L'Estérel, du nom d'une localité de la côte provençale française. L'ensemble regroupe un hôtel, un centre commercial, un chalet de ski et un club sportif.

Autour de ces bâtiments de style International, le baron fait construire plusieurs résidences secondaires, dont quelques chalets s'apparentant aux *log cabins,* un modèle architectural typiquement nord-américain dont l'esprit est proche parent de celui du mouvement Arts and Crafts. Plantés en bordure du lac, camouflés dans une épaisse verdure, ces chalets se fondent dans la nature, illustrant admirablement la volonté du promoteur de concevoir une habitation en harmonie avec son milieu.

1. Les lignes modernes de l'entrée d'un bâtiment d'utilité publique, inspirées du style International.
2 et 3. Exemples de chalets construits sur le site, aux environs du lac. Les *logs cabins,* littéralement chalets en billot apparent, sont très populaires dans la première moitié du XXᵉ siècle et leur apparence brute permet au client d'afficher sans équivoque la fonctionnalité même de cette maison, vivre dans la nature.

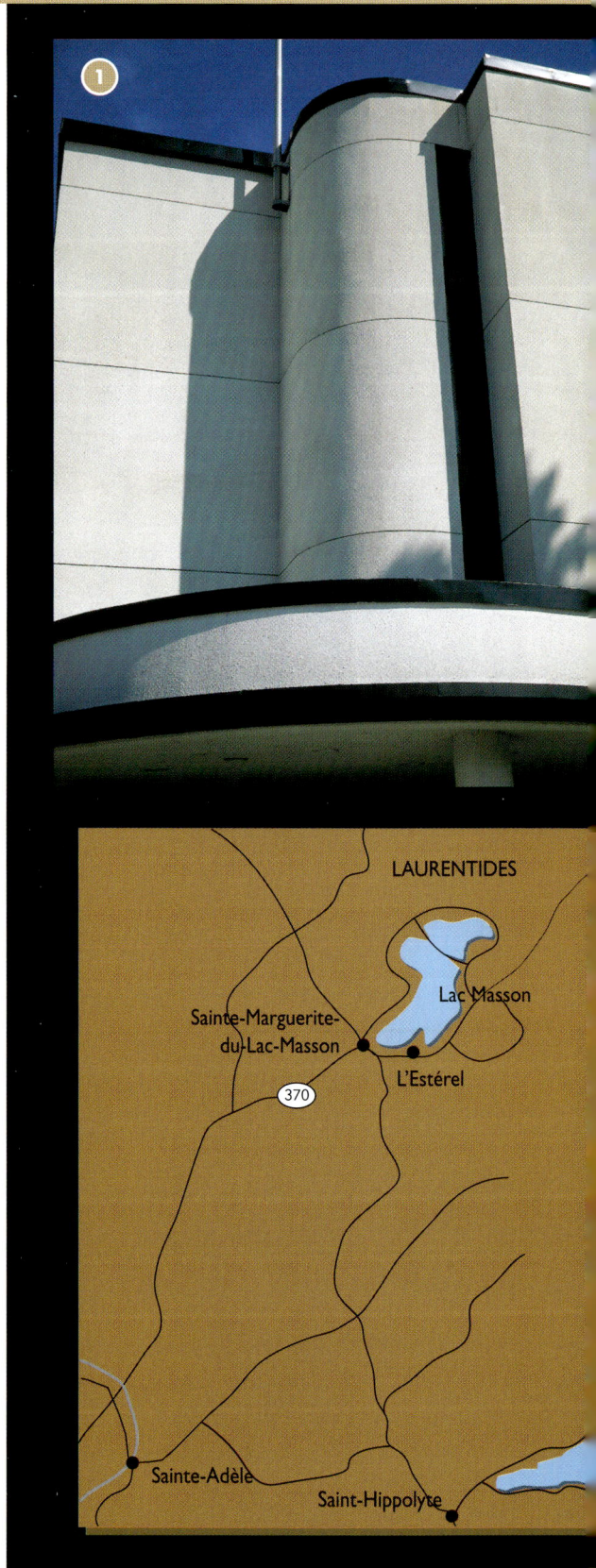

LAURENTIDES

Lac Masson

Sainte-Marguerite-du-Lac-Masson

370

L'Estérel

Sainte-Adèle

Saint-Hippolyte

ENSEMBLES

Chalets rustiques, dans la région de Portneuf

Le chalet rustique s'insère bien dans la nature et constitue une belle réussite d'intégration de l'architecture de villégiature à la nature.

🅝 La forte diminution de la pente du toit permet de créer un grand espace galerie sous une partie du versant avant, caractéristique qu'on retrouve souvent dans le bungalow.

🅖 Le chalet de villégiature de la première moitié du XXe siècle emprunte certains éléments au style Arts and Crafts, dont la cheminée de brique et sa souche moulurée, les fenêtres à meneaux ainsi que l'extrémité visible des chevrons de toit.

AU DÉBUT DU XXᵉ SIÈCLE, NAISSANCE DU BUNGALOW NORD-AMÉRICAIN
(de 1910 à 1950 environ)

Aujourd'hui, le terme « bungalow » désigne dans son usage populaire ces habitations de banlieue à un étage, coiffées d'un toit aux pentes plutôt faibles. Mais ces maisons ne sont en réalité que de lointains dérivés du véritable bungalow, dont l'histoire commence en Californie au début du XXᵉ siècle. Certains classent le bungalow dans le style Prairie, lui-même le pendant américain du Arts and Crafts.

Le concept de bungalow nous vient à l'origine de l'Inde, où ce terme désigne une maison basse à un étage entourée d'une véranda. Au début du XXᵉ siècle, le concept est repris par des architectes californiens, qui créent le modèle original de bungalow nord-américain. Ce prototype acquiert en peu de temps une immense popularité. En 1908, la firme Radford de Chicago fait paraître un catalogue qui en propose des dizaines de plans commentés et numérotés. On y vante le confort du bungalow et sa capacité à répondre aux besoins d'une petite famille à la recherche de « sa » maison. Il convient à tous, mais particulièrement aux petites bourses. C'est le nid d'amour par excellence, celui que tout le monde recherche. Il s'implante surtout en banlieue, sans toutefois ignorer les régions boisées, la plaine, les bords de mer, la campagne, le village et même la ville. Acheter un bungalow devient un geste social de protestation contre la monotonie du quotidien ! Les années 1910 à 1950 voient plusieurs modèles apparaître et se répandre grâce aux catalogues et aux publications spécialisées et ce, tant aux États-Unis qu'au Canada. Sa popularité reste un phénomène typiquement nord-américain.

Comme les maisons de style Prairie, le bungalow affiche des liens étroits avec le mouvement Arts and Crafts. Il constitue en fait une adaptation assez libre du modèle à un étage ou un étage et demi surmonté d'un toit à deux versants. Le bungalow original nord-américain se caractérise par ses versants de toit à pente faible, par l'utilisation de plusieurs matériaux de revêtement, par l'absence d'ornementation ajoutée et par la présence de porches et de vérandas qui, combinés au corps principal de la maison, forment un plan irrégulier. Les différents toits se juxtaposent les uns aux autres en respectant une sorte de hiérarchie verticale. Plusieurs éléments de charpente sont visibles, dont les chevrons et les pannes, particulièrement aux extrémités des toits. Il en va de même des éléments de support des porches et des vérandas, comme les poteaux et les soliveaux, que l'on ne se soucie guère de dissimuler. Les fenêtres sont

Maison villageoise des Cantons-de-l'Est
DÉBUT DU XXᵉ SIÈCLE

Cette petite maison villageoise, bien qu'elle dénote une nette influence Arts and Crafts, représente l'exemple type du bungalow du début du XXᵉ siècle. Un petit carré de un étage et demi, surmonté d'un toit à deux versants, avec un versant avant qui se prolonge au-dessus d'une large galerie fermée, voilà des traits propres à ce genre de maison unifamiliale typiquement nord-américain.

Le bungalow demeure un concept architectural assez malléable, qui se prête aux influences diverses. Les emprunts aux autres styles sont fréquents. Dans notre exemple, on note une influence Arts and Crafts, mais l'ornementation classique, l'ornementation néo-Queen Anne ou la simplicité des formes apportée par le style Prairie donnent souvent une teinte différente au bungalow.

1. Toit à deux versants
2. Grande-lucarne
3. Fenêtre à deux meneaux
4. Avant-toit en prolongement du versant
5. Fenêtres jumelées
6. Cheminée rustique adossée
7. Fenêtre gisante
8. Bardeau rustique
9. Galerie fermée
10. Pilier de galerie
11. Console
12. Extrémité visible des chevrons

habituellement disposées en paires ou par groupes de trois. Par le choix des matériaux de construction, on cherche à obtenir une apparence rustique. Maçonnerie et planche horizontale ou bardeau de bois font ainsi bon ménage sur les surfaces verticales. Au Québec, on ne trouve ce modèle nord-américain que dans les banlieues des zones urbanisées.

Comment le reconnaître ?

Même si, à l'origine, la conception du bungalow est régie par les principes du mouvement Arts and Crafts, le modèle en vient très tôt à évoluer, manifestant une autonomie qui se matérialise dans les formes les plus diverses. Il fait rapidement l'objet d'une standardisation par l'industrie, qui en conçoit une grande variété à partir des années 1910. On peut assimiler ces modèles à l'architecture vernaculaire de type industriel de l'époque. Dans ce contexte, le terme « bungalow » réfère à un concept plutôt large qui regroupe une foule de maisons généralement à un étage ou un étage et demi, de plan rectangulaire ou carré, avec toit généralement à deux versants. Les concepteurs puisent sans vergogne dans les modes antérieures pour varier les modèles. Ainsi, des traits architecturaux propres à des styles historiques ou contemporains, comme le Arts and Crafts, le Shingle Style et le néogrec, seront mis à profit pour obtenir une touche d'originalité.

Le bungalow québécois ne retient du prototype original américain que certaines caractéristiques, notamment l'imposante cheminée adossée à un mur extérieur, la véranda, le grand fronton triangulaire plutôt écrasé, les grandes-lucarnes à deux versants ou rampantes, l'extension du versant de toit avant, l'extrémité visible des chevrons de toit et le retrait de l'entrée principale par rapport au nu de la façade.

Ce petit bungalow de la Côte-de-Beaupré a été construit vers 1920 par son propriétaire qui était menuisier, probablement à partir d'un plan standard. Au début du XXᵉ siècle, le concept de bungalow est assimilé par l'industrie qui propose très rapidement dans ses catalogues quantité de modèles de petites maisons aux plans et aux formes de toits divers, généralement à un étage ou à un étage et demi. La firme Radford de Chicago publie en 1908 un catalogue remarquable sur le sujet.

Au début du XXe siècle, l'industrie nord-américaine inclut dans ses catalogues de bungalows divers types de maisons unifamiliales à un étage ou un étage et demi, aux formes les plus diverses, et même des modèles de maison dont la façade est sur le mur-pignon, comme en témoigne l'exemple que l'on peut voir ici.

LE BUNGALOW STANDARD

Le bungalow le plus typique est une petite maison unifamiliale à un étage et demi, coiffée d'un toit à deux versants dont le versant avant se prolonge au-dessus d'une grande galerie. Une grande-lucarne à toit à deux versants, à croupe ou rampante perce l'avant du toit.

1. et 2. Modèles standardisés de bungalow

"Dresden," Seven Rooms, Suitable for a Farm or Town Home

Size 28 ft. by 30 ft.

WHILE "Dresden" with its large kitchen and roomy pantry is ideal for a farm home, it is also well suited to any other situation. There is a wonderful Living Room with a big, cheery fireplace, on each side of which are built-in bookcases. The sliding doors connecting with hall tends to give an air of spacious comfort which is further borne out by the French doors leading to the dining room.

You will be delighted with the fine, large rooms throughout the house, and the convenience of arrangement. Upstairs there are four big bedrooms and a bathroom, a handy linen closet is also provided in the hall facing you as you come upstairs.

Environment has a great bearing on happiness, and "Dresden" when built with Halliday materials will provide you with a home of real comfort, in which happy contentment will be assured.

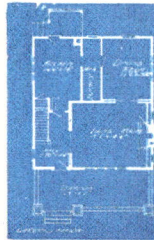

"The New Rectory is complete and has been occupied since October 4th and so far is very comfortable and convenient.

"The quality of all the material was judged as excellent by all, and the service left nothing to be desired. As to the cost, our head carpenter assured me he could not have built it for the amount you charged.

"I feel sure that personally I was saved much worry and time by purchasing the Halliday Way and I am sure I can strongly recommend the method to all prospective builders."

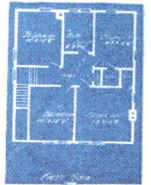

REV. F. G. STRANGE,
Westport, Ont.

READ THE LETTERS WRITTEN BY HALLIDAY HOME BUILDERS

Page Thirty-seven

ALADDIN HOMES

THE BRUNSWICK XVI.

This design has been approved by the Director of the Ontario Housing Scheme.

ARE you interested to know just what the average Canadian citizen wants in a home? Well, here it is. The Brunswick is still winner in our popularity contest.

Of the thousands of people with whom we correspond throughout the year in reference to houses, practically all express a preference for some one or other of our catalogue designs; a record of these preferences is very carefully kept, as it is the best possible index to trend of popular taste, and for the past two seasons the Brunswick, of all the designs in our catalogue, was the one in greatest demand. We attribute this principally to the fact that it is a splendid example of the "semi-bungalow"—the storey-and-a-half house with bungalow lines—the art and architecture of California adapted to our northern climate; and in a lesser degree, its wide appeal is due to its excellent floor plan.

If you have not already studied the floor plan, before you do, take a pencil and paper and make a list of what you consider to be the essential features of a six room house; it will probably read something like this: Large, bright livingroom and diningroom; a kitchen not smaller than 10 ft. x 10 ft.; a pantry, an inside cellar entrance, a front hall for privacy, access from kitchen to front door without going through diningroom; three bedrooms in graduated sizes—a good bedroom, a better bedroom and a best bedroom, all to have closets; a large front verandah and a small rear porch, and a bathroom, preferably over the kitchen.

Now if you will compare these ideal specifications with the floor plan, you will see why we have said it had "an excellent floor plan."

FIRST FLOOR PLAN

SECOND FLOOR PLAN

See terms on page 5 and specifications on pages 11 to 13.

Sixty-nine

Aux lendemains de la Seconde guerre mondiale, des apports esthétiques nouveaux ont amené une évolution de la maison vers des formes horizontales. Il en résulte un nouveau modèle qui poursuit la tradition du bungalow, soit une maison unifamiliale à un étage, mais dans une version épurée plutôt allongée. C'est ce que l'on peut constater en regardant ces exemples tirés d'un catalogue officiel d'une société canadienne engagée dans le financement de la construction domiciliaire en 1950. Cette maison, que certains auteurs appellent « contemporaine », contribue au façonnement typique des banlieues grandissantes du Québec et de l'Amérique au milieu du XXe siècle et en vient à atteindre la campagne dans la seconde moitié du XXe siècle.

Exemple de préfabrication, les matériaux de cette résidence ont été livrés
par train de Colombie-Britannique.
Montée en 1921 à Neuville, en bordure du fleuve, pour Marcellin Petti-
grew, commerçant de Québec, elle est
donnée en 1942 à l'archevêché de la
même ville. Les cardinaux Rodrigue
Villeneuve et Maurice Roy y ont
occasionnellement séjourné.

Le concept de bungalow réfère en premier lieu à une habitation unifamiliale à un étage ou à un étage et demi, donc à un genre de maison plutôt qu'à un style. Mais certains auteurs, s'appuyant probablement sur la répétition ou la récurrence de formes de cheminées, de galeries avant et de proportions générales propres à cette habitation n'hésitent pas à faire du bungalow un style. Ici, un exemple avec toit à quatre versants, près de Québec.

À première vue, cette maison ressemble au cottage rustique typique du XIXe siècle, mais ses proportions, l'importance de la galerie avant, la façon dont cette galerie s'insère sous l'avant-toit et ses modèles de fenêtres la rattachent au concept de bungalow du début du XXe siècle.

Bungalow typique des premières décennies du XXe siècle, à Précieux-Sang

🔼 Le bungalow est également présent dans les secteurs de villégiature où il peut adopter les particularités du Shingle Style, un style américain où le revêtement en bardeau prédomine sur l'ensemble du bâtiment.

🔽 Petit bungalow avec sa cheminée de brique, près de Sherbrooke

Les frontons triangulaires, lorsqu'ils font partie du bungalow, présentent habituellement la caractéristique d'être très affaissés. La galerie ne couvre souvent qu'une partie de la façade. Les fenêtres à impostes sont typiques du début du XXe siècle.

⟳ Bungalow à l'effet horizontal très marqué. Les lucarnes rampantes concourent à
cet effet.

⟳ Plus rarement au Québec, le bungalow adoptera les caractéristiques de l'architecture de la Nouvelle-Angleterre, comme c'est le cas ici. On remarque le toit brisé
d'influence hollandaise et la grande lucarne-pignon dont le modèle de fenêtre est
emprunté au style américain Shingle Style.

LE STYLE PRAIRIE, UNE INFLUENCE
DU MIDWEST AMÉRICAIN
(Début du XXᵉ siècle)

On doit le style Prairie à un groupe d'architectes américains de la région de Chicago que l'on nommait « Prairie School ». Cette appellation a finalement donné son nom au style qu'ils ont inventé au début du XXᵉ siècle. C'est à Frank Lloyd Wright que revient la paternité, au début de sa carrière, d'un modèle de maison, dite « Prairie House ». D'autres architectes de l'époque reprirent ce prototype et contribuèrent à le répandre, principalement dans le Midwest américain. Des répertoires de modèles de maisons favorisèrent sa propagation, sous une forme surtout vernaculaire, dans tout le nord du continent américain, principalement entre 1905 et 1915.

Considéré par certains comme une variante régionale du Arts and Crafts, le style Prairie se caractérise par l'horizontalité de son architecture, inspirée des vastes étendues plates du Midwest américain. Les volumes renvoient à l'architecture moderne, mais l'utilisation combinée de différents revêtements traditionnels réfère au style Arts and Crafts de la même époque. Plusieurs considèrent ce style, dont l'éclosion s'inscrit dans l'esprit du mouvement britannique, comme une manifestation propre au continent nord-américain.

Le style Prairie s'est répandu au Canada par l'intermédiaire de magazines, comme *House Beautiful,* qui en reproduisaient des plans de maisons, et par certains architectes dont Francis C. Sullivan (1882-1929), qui a pratiqué dans la région de Toronto après avoir été à l'emploi de Frank Lloyd Wright.

The Evergreens a été construite en 1915, selon les plans d'un architecte de Chicago. On reconnaît dans cette grande résidence villageoise les traits propres à la Prairie School appliqués au volume cubique, très populaire au tournant du XXᵉ siècle : toit en pavillon aux versants qui débordent largement par rapport au nu du mur, grosses lucarnes avec toit à croupe, nombreuses ouvertures jumelées, baies en saillie et grande galerie fermée à hauteur d'appui supportée par des pilastres.

Les murs du rez-de-chaussée sont recouverts de planches horizontales, alors que les murs de l'étage sont recouverts de bardeau de bois, ce qui permet d'accentuer l'horizontalité des surfaces de la maison.

1. Toit en pavillon
2. Grande-lucarne à toit à croupe
3. Toit débordant
4. Fenêtres jumelées
5. Baie en saillie *(bay window)*
6. Pilier de galerie
7. Galerie fermée à hauteur d'appui
8. Recouvrement de bardeau
9. Recouvrement de planches

En plus de ses proportions générales, cette maison retient du style Prairie la subdivision de son corps principal en deux étages par le biais d'une moulure horizontale, son grand toit en pavillon dépourvu de corniche décorative et ses grandes-lucarnes à croupe.

Comment le reconnaître ?

La maison de style Prairie se distingue par son profil bas et horizontal, ses toits largement débordants et l'importance des porches et des galeries. Toutefois, elle se présente également sous la forme d'une structure cubique à deux étages, et c'est d'ailleurs sous cette apparence que le style se manifeste dans nos campagnes.

En effet, chez nous, la version populaire du style Prairie se caractérise par une toiture en pavillon de faible inclinaison, dont les versants, percés d'une ou plusieurs grosses lucarnes à croupe, débordent largement au-delà des murs. Ce modèle dépouillé ne présente ni décoration ni ornementation. On recherche uniquement un effet d'opposition entre les masses et les surfaces nues. Le carré de la maison, à deux étages, revêt une forme connue, celle du cube typique du Four Square américain, un modèle largement répandu dans nos campagnes. Les ouvertures, généralement hautes, respectent habituellement une certaine ordonnance, mais la symétrie n'est pas la règle. Ainsi, on ne rencontre souvent qu'une porte et une fenêtre au rez-de-chaussée, ce qui exclut la notion de symétrie.

Autre caractéristique significative, le porche d'entrée et la galerie reposent sur de larges piliers fonctionnels qui ne trahissent habituellement aucune référence aux styles anciens, bien que certains spécimens vernaculaires soient dotés de piliers évoquant l'ordre dorique.

À Cookshire, cette belle demeure villageoise arbore une grande-lucarne à croupe en façade percée d'une fenêtre à deux meneaux et une grande galerie dont le résultat est de procurer l'horizontalité à la façade.

DANS COOKSHIRE
ET SES ENVIRONS,
UNE BRISE VENUE DE CHICAGO

La région du Haut-Saint-François, à l'ouest de Sherbrooke, compte un nombre étonnant de maisons de forme cubique empreintes du style Prairie. Des exemplaires isolés de ces maisons apparaissent ici et là dans de petits villages comme Gould, Scotstown, Bury et Cookshire. La raison de cette concentration n'est pas évidente, mais la présence d'une maison exceptionnelle de style Prairie à Cookshire, The Evergreens, en périphérie de la localité, nous met peut-être sur la piste. Au départ, la conception architecturale de cette maison érigée en 1915 est signée par un architecte de Chicago, ville américaine dont le nom évoque immédiatement celui de la Prairie School, école qui a donné son nom à ce style. Peut-être ce bâtiment a-t-il eu une résonance particulière dans la région ? Toujours est-il qu'une légère brise venant de Chicago a soufflé sur ce coin de pays, apportant peut-être avec elle cette mode propre au XXᵉ siècle.

1. Maison à Gould, dans le Haut-Saint-François
2. Tacoma, un plan de maison standard inspiré du style Prairie et publié dans un catalogue du début du XXᵉ siècle

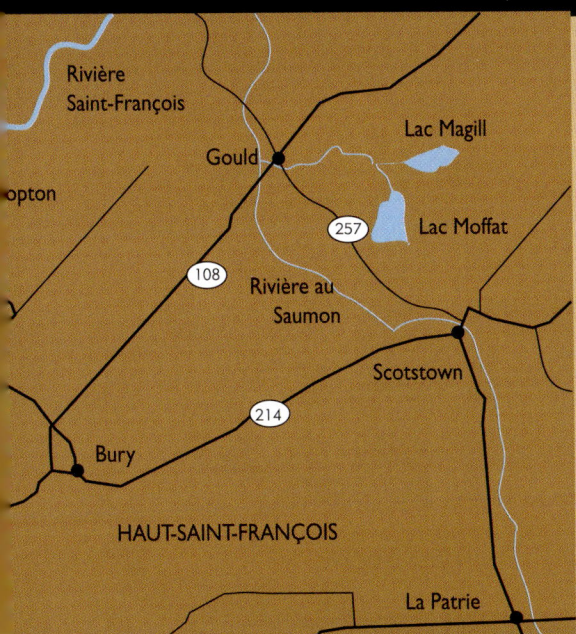

THE EVERGREENS

Cette vaste résidence du début du XXe siècle, qui s'inscrit dans la tradition de construire de la Prairie School et de ces maisons américaines nouvelle mode, est un exemple éloquent de la perméabilité de la frontière canado-américaine. Son propriétaire, James Frasier, est un commerçant spécialisé dans la vente de produits alimentaires destinés aux animaux. Ses pérégrinations d'affaires l'amènent, semble-t-il, dans la région de Chicago, et c'est sans doute à cette occasion qu'il découvre la nouvelle architecture résidentielle conçue par des architectes américains, dont Frank Lloyd Wright, pionnier d'un design typiquement nord-américain. James Frasier envisage dès lors de se faire construire une belle résidence au goût de l'époque. En 1916, année où Frank Lloyd Wright quitte les États-Unis pour le Japon, où on lui a confié la réalisation de l'hôtel Imperial de Tokyo, Frasier retient les services de Henry George Fiddelke, un architecte américain né d'immigrants allemands, et dont les bureaux sont situés à quelques maisons de celle de Wright, dans Oak Park, à Chicago. Le talent de Fiddelke est reconnu. Quelques années auparavant, il a signé la maison habitée par Ernest Hemingway pendant ses années de High School, entre 1913 et 1917. Située au 600 de l'avenue North Kenilworth, également dans Oak Park, la maison de la famille Hemingway présente une architecture très semblable à celle que l'architecte réalise pour James Frasier à Cookshire, au Québec. Henry George Fiddelke, fidèle à son style et tenant compte des moyens de ses clients, a sans doute proposé à James Frasier un modèle éprouvé.

3. Maison d'Ernest Hemingway à Chicago, qu'il a habitée pendant la période où il a fréquenté le High School
4. L'entrée somptueuse de la maison The Evergreens

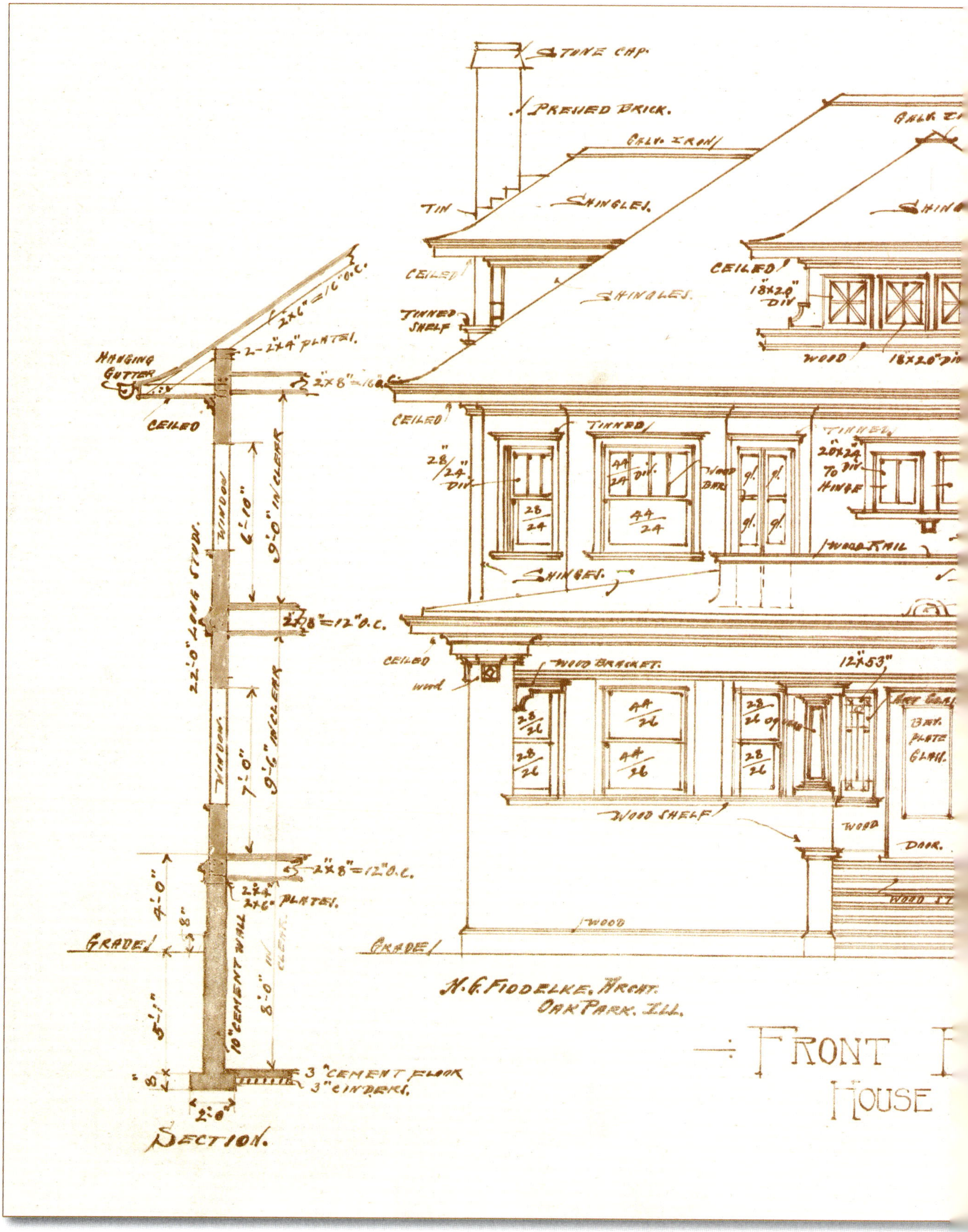
STONE CAP
PRESSED BRICK.
GALV. IRON
SHINGLES.
TIN
CEILED
TINNED SHELF
WOOD
2-2"x4" PLATES.
HANGING GUTTER
2"x8"=16"O.C.
22'-0" LONG STUD.
WINDOW
6'-10"
9'-0" IN CLEAR
TINNED
WOOD BAR
WOOD RAIL
2"x8"=12"O.C.
WOOD BRACKET.
7'-0"
9'-6" IN CLEAR
WOOD SHELF
DOOR.
BEV. PLATE GLASS.
GRADE
10" CEMENT WALL
8'-0" IN CLEAR
3" CEMENT FLOOR
3" CINDERS.
2'-0"
SECTION.
H. G. FIODELKE, ARCHT.
OAK PARK. ILL.
FRONT
HOUSE

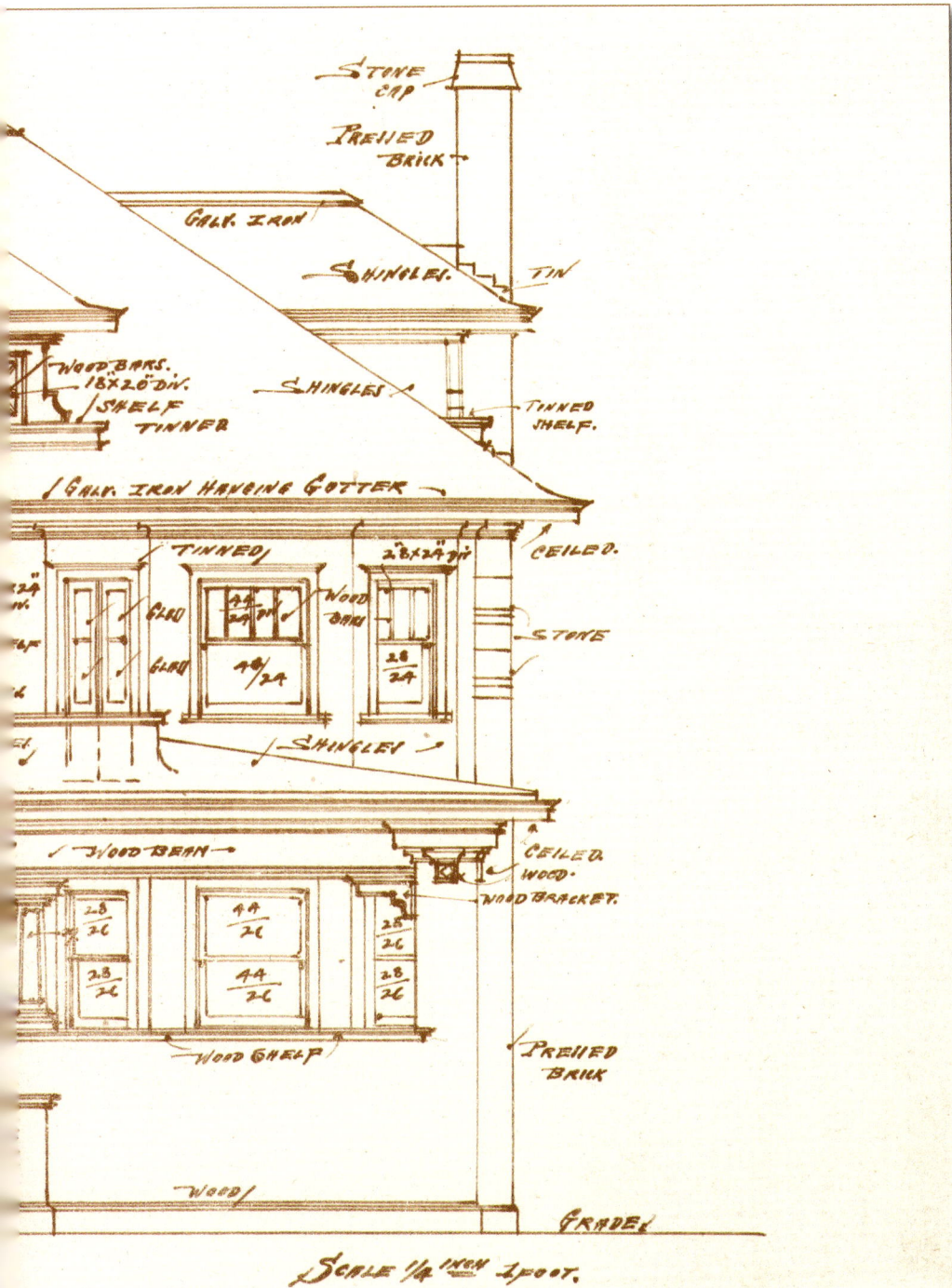

STONE CAP

PRESSED BRICK

GALV. IRON

SHINGLES.

TIN

WOOD BARS. 18×20 DIV. SHELF TINNED

SHINGLES.

TINNED SHELF.

GALV. IRON HANGING GUTTER

CEILED.

TINNED

2 8×2 8 DIV.

WOOD BARS

GLED

GLED

44 24 DIV.

STONE

44 24

28 24

SHINGLES

WOOD BEAM

CEILED. WOOD.

WOOD BRACKET.

28 26

44 26

28 26

28 26

44 26

28 26

WOOD SHELF

PRESSED BRICK

WOOD

GRADE

SCALE 1/4 INCH 1 FOOT.

VATION :—

R MR. J. A. FRASIER

COOKSHIRE QUEBEC.

CANADA.

Élévation avant de la maison The Evergreens, dessinée en 1915 par l'architecte américain Henry George Fiddelke de Oak Park, Illinois

349

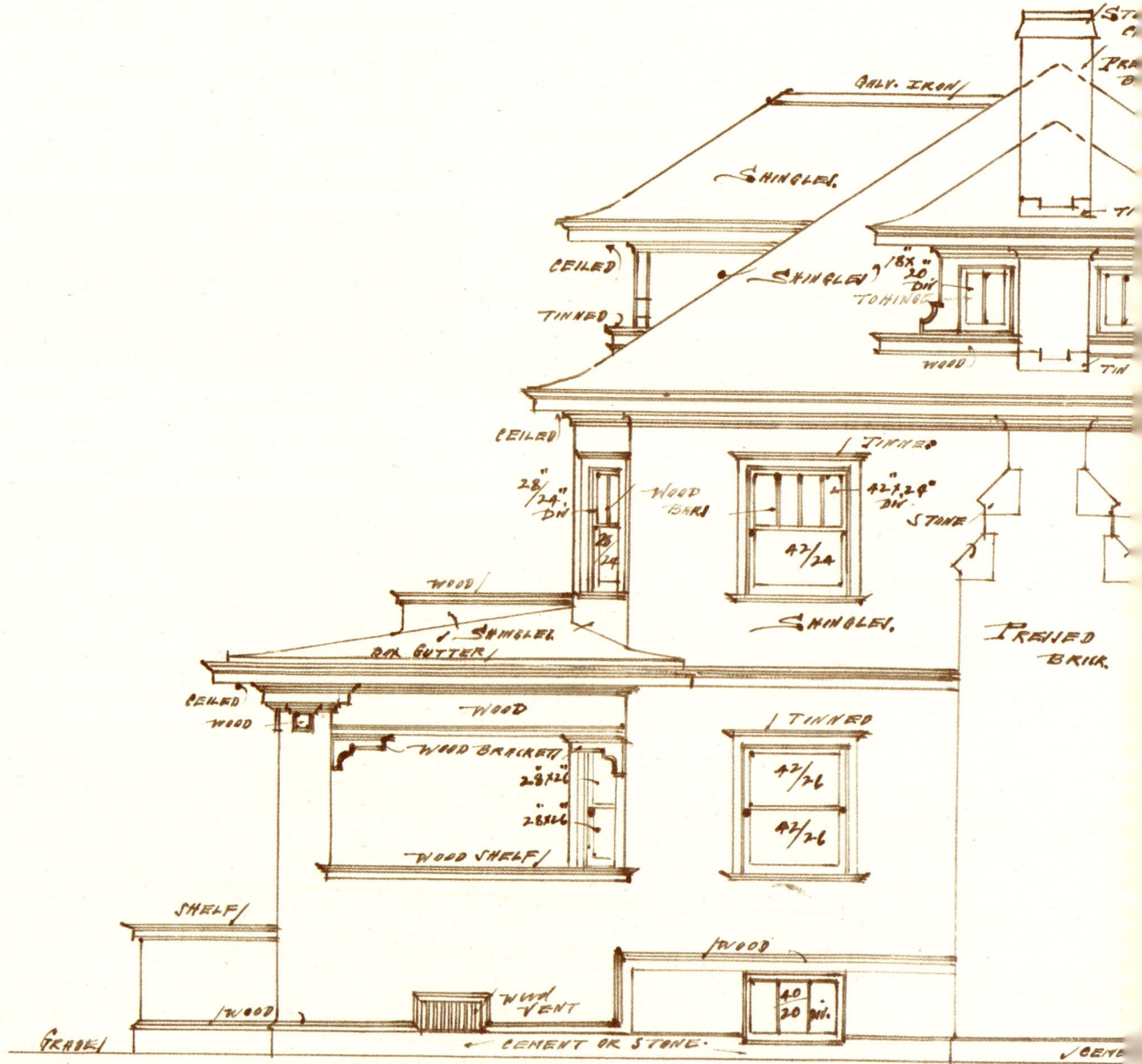

GALV. IRON

SHINGLES.

CEILED

SHINGLES.

TINNED

18"X 20" DW

TO HINGES

WOOD

CEILED

TINNED

28"/24" DW

WOOD BARS

42"X24" DW

STONE

42/24

SHINGLES.

PRESSED BRICK

WOOD

SHINGLES

RN. GUTTER

CEILED

WOOD

WOOD

TINNED

42/26

WOOD BRACKETT

2·8X20

42/26

28X26

WOOD SHELF

SHELF

WOOD

WOOD

40 20 W.

WOOD VENT

GRADE

CEMENT OR STONE.

CEME

H. G. FIDDELKE. ARCHT.
OAK PARK. ILL.

SIDE ELEVA
HOUSE FOR

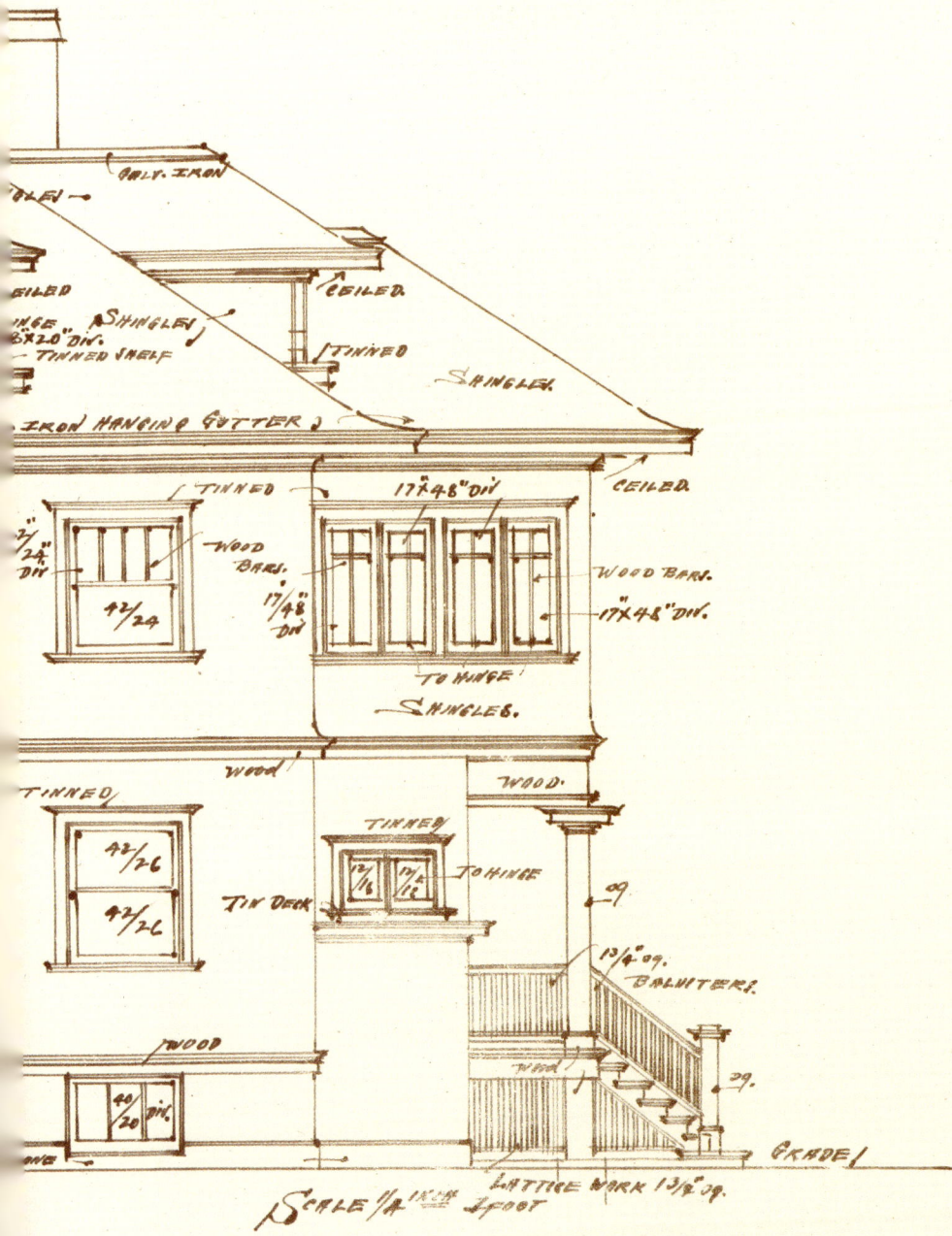

Élévation latérale de la maison The Evergreens, dessinée en 1915 par l'architecte américain Henry George Fiddelke de Oak Park, Illinois

Bibliographie

AUDET, Bernard. *Avoir feu et lieu dans l'île d'Orléans au XVIIe siècle*, Québec, Les Presses de l'Université Laval, 1990.

Bennett's Small House Catalog, 1920, Ray H. Bennett Lumber Co. Inc., New York, Dover Publications Inc., 1993.

BERG, Donald J., éditeur. *Country Patterns 1841-1883*, New Jersey, The Main Street Press, 1986.

BERGERON, Claude. *Architectures du XXe siècle au Québec*, Montréal, Musée de la civilisation et Éditions du Méridien, 1989.

BICKNELL, A. J. *Bicknell's Victorian Buildings. Floor Plans and Elevations for 45 Houses and Other Structures*, New York, Dover Publications Inc., 1979 (réédition de l'ouvrage original de 1878).

BLUMENSON, John. *Ontario Architecture. A Guide to Styles and Building Terms 1784 to the Present*, Fitzhenry and Whiteside, 1990.

BROSSEAU, Mathilde. *Le style néogothique dans l'architecture au Canada*, Ottawa, Parcs Canada, 1980.

CAMERON, Christina, et Janet WRIGHT. *Le style Second Empire dans l'architecture canadienne*, Ottawa, Parcs Canada, 1980.

CANADA, *Vers les pays d'avenir*, Ottawa, 1917.

Censuses of Canada 1665 to 1871, Statistiques du Canada, Ottawa, 1876.

Central Mortgage and Housing Corporation, *Small House Designs. Bungalows*, Ottawa, 1952.

CLEAVELAND, Henry W., William BACKUS et Samuel D. BACKUS. *Village and Farm Cottages. The Requirements of American Village Homes Considered and Suggested; with Designs for Such Houses of Moderate Cost*, New York, D. Appleton and Company, 1856.

CLERK, Nathalie. *Le style palladien dans l'architecture au Canada*, Ottawa, Parcs Canada, 1984.

COMSTOCK, William. *Victorian Domestic Architectural Plans and Details*, New York, Dover Publications Inc., 1987.

CUMMINGS, Elizabeth, et Wendy KAPLAN. *Le Mouvement Arts and Crafts*, Londres, Thames and Hudson Ltd, 1991.

DIONNE, Linda, et Georges PELLETIER. *Cacouna. Les randonnées du passé*, Québec, Éditions Continuité, 1995.

DIXON, Roger, et Stefan MUTHESIUS. *Victorian Architecture*, Londres, Thames and Hudson Ltd, 1978.

DOWNING, Andrew Jackson. *Victorian Cottage Residences*, New York, Dover Publications Inc., 1981.

DOYON, Georges, et Robert HUBRECHT. *L'architecture rurale et bourgeoise en France*, Paris, Vincent, Fréal et Cie, 1969.

DURANT, David N. *The Handbook of British Architectural Styles*, Londres, Barrie & Jenkins, 1992.

ENNALS, Peter, et Deryck W. HOLDSWORTH. *Homeplace. The Making of the Canadian Dwelling over Three Centuries*, Toronto, University of Toronto Press, 1998.

EVEREST, Allan S. *Our North Country Heritage. Architecture Worth Saving in Clinton and Essex Counties*, Plattsburg, N. Y., Tundra Books, 1970.

FIELL, Charlotte et Peter. *1920's Decorative Art*, Cologne, Taschen, 2000.

GAGNON-PRATTE, France. *L'architecture et la nature à Québec au dix-neuvième siècle : les villas,* Québec, Ministère des Affaires culturelles, 1980.

GOUDGE, M. F. *Les calcaires du Canada. Gisements et caractéristiques*, Ottawa, Ministère des Mines, 1935.

HAMLIN, Talbot. *Greek Revival Architecture in America*, New York, Dover Publications Inc., 1964.

HEINZ, Thomas A. *The Vision of Frank Lloyd Wright*, Prospero Books, 2000.

HEWLINGS, Richard. *Chiswick House and Gardens*, Londres, English Heritage, 1998.

HITCHCOCK, Henry-Russell. *The Architecture of H. H. Richardson and his Times*, Cambridge, The M.I.T. Press, 1970.

HODGSON, Roderick L. *Historic Buildings of Hudson and Area*, Hudson, Hudson Historical Society, 1998.

Homes and Interiors of the 1920's. A Restoration Design Guide, Ottawa, Lee Valley Tools Ltd, 1987.

HUSSEY, E. C. *Cottage Architecture of Victorian America*, New York, Dover Publications Inc., 1994.

Illustrated Atlas of the Eastern Townships and South Western Quebec, H. Belden and Co., 1881.

JAMES, Terry, et Bill PLASKETT. *Buildings of Old Lunenburg*, Halifax, Nimbus Publishing Ltd, 1996.

KALMAN, Harold. *A History of Canadian Architecture*, Toronto, Oxford University Press, 1994.

LAFRAMBOISE, Yves. *L'architecture traditionnelle au Québec. La maison aux 17e et 18e siècles*, Montréal, Les Éditions de l'Homme, 1975.

LAFRAMBOISE, Yves. « La maison en pierre de Neuville », *Revue d'art canadienne*, vol. 2, n° 1, 1975.

LAFRAMBOISE, Yves, et autres. *Calixa-Lavallée. Répertoire d'architecture traditionnelle*, Québec, Ministère des Affaires culturelles, 1977, Les cahiers du patrimoine 4.

LAFRAMBOISE, Yves, et autres. *Neuville. Architecture traditionnelle*, Québec, Ministère des Affaires culturelles, 1976, Les cahiers du patrimoine 3.

LANCASTER, Clay. *The American Bungalow 1880-1930*, New York, Dover Publications Inc., 1995.

Les chemins de la mémoire. Monuments historiques du Québec, tomes I et II, Québec, Les publications du Québec, 1990-1991.

LESSARD, Michel, avec la collaboration de Pierre Lahoud. *L'île d'Orléans. Aux sources du peuple québécois et de l'Amérique française*, Montréal, Les Éditions de l'Homme, 1998.

List of Canadian Patents from the Beginning of the Patent Office, June 1824 to the 31st of August 1872, Ottawa, 1882.

MacRAE, Marion, et Anthony ADAMSON. *The Ancestral Roof. Domestic Architecture of Upper Canada*, Toronto, Clarke, Irwin & Company, 1963.

MAITLAND, Leslie. *L'architecture néoclassique au Canada*, Ottawa, Parcs Canada, 1984.

MAITLAND, Leslie. *Le style néo-Queen Anne dans l'architecture au Canada*, Ottawa, Environnement Canada, 1990.

MAITLAND, Leslie, Jacqueline HUCKER et Shannon RICKETTS. *A Guide to Canadian Architectural Styles*, Peterborough, Broadview Press Ltd, 1992.

MARTIN, Paul-Louis. *À la façon du temps présent. Trois siècles d'architecture populaire au Québec*, Québec, Les Presses de l'Université Laval, 1999.

McALESTER, Virginia et Lee. *A Field Guide to American Houses*, New York, Alfred A. Knopf, 1997.

MINISTÈRE DES AFFAIRES CULTURELLES (France), *Vocabulaire de l'architecture*, Paris, Imprimerie nationale, 1972.

MORISSET, Lucie K. *Arvida. Cité industrielle*, Sillery, Septentrion, 1998.

MOSS, Roger. *Century of Colour. Exterior Decoration for American Buildings 1820-1920*, New York, American Life Foundation, 1981.

NELSON, Celia. *Historic Hudson. Old Cavagnal*, Hudson, Hudson Historical Society, 1993.

NOPPEN, Luc. « La maison québécoise : un sujet à redécouvrir », dans *Questions de culture 4. Architecture : la culture dans l'espace*, Institut québécois de recherche sur la culture et Leméac, 1979.

NOPPEN, Luc, et Lucie K. MORISSET. *L'architecture de Saint-Roch. Guide de promenade*, Québec, Les publications du Québec, 2000.

O. Chalifour Inc., *Bois et menuiserie de qualité, Catalogue numéro 6*, Québec (s.d.).

Palliser, Palliser & Co., *Palliser's Model Homes Showing a Variety of Designs for Model Dwellings*, Bridgeport, 1878.

P.D. Dods & Co., *Practical Color Harmony*, Montréal (s.d.).

PARKS, W. A. *Rapport sur les pierres de construction et d'ornement du Canada*, vol. III, Ottawa, Ministère des Mines, 1916.

PENNEY, Allen. *Houses of Nova Scotia*, Halifax, The Nova Scotia Museum, 1989.

RADFORD ARCHITECTURAL CO. *Radford's Artistic Bungalows. The Complete 1908 Catalog*, New York, Dover Publications Inc., 1997.

SARAZIN, A., et D. JEANSON. *Maisons rurales du Val de Loire*, Ivry, Serg, 1976.

SCULLY, Vincent J., fils. *The Shingle Style & the Stick Style*, New Haven, Yale University Press, 1971.

Sears, Roebuck Catalog of Houses 1910, New York, Dover Publications Inc., 1990.

Sears, Roebuck Catalog of Houses 1926, New York, Dover Publications Inc., 1991.

SERVICE, Alastair. *Edwardian Architecture*, Londres, Thames and Hudson Ltd, 1977.

SHOPPELL, R. W., et autres. *Turn-of-the-Century Houses, Cottages and Villas*, New York, Dover Publications Inc., 1983.

STICKLEY, Gustav. *Craftsman Homes. Architecture and Furnishings of the American Arts and Crafts Movement*, New York, Dover Publications Inc., 1979.

The Aladdin Company, *Aladdin Homes, Catalog no 16*, Michigan, 1920.

The Aladdin Company, *Aladdin Homes, Catalog no 32*, Michigan, 1920.

The Craftsman, The Craftsman Publishing Co., New York, Janvier 1915.

The Halliday Company, *Halliday Comfort Tested Homes*, Hamilton, 1928.

The Victorian Design Book. A Complete Guide to Victorian House Trim, Ottawa, Lee Valley Tools Ltd, 1984.

THOMPSON, John. *Hudson : the Early Years, up to 1867*, Hudson, Hudson Historical Society, 1999.

TRÉPANIER, Paul. « Le legs du baron Empain. Au cœur des Laurentides, un fabuleux témoignage de l'Europe des années trente », *Continuité*, n° 52, hiver 1992, p. 33-37.

Une Belle Maison dans une Belle Province. Préface de l'honorable premier ministre de la province de Québec (s.d.).

WATKIN, David. *English Architecture*, Londres, Thames and Hudson Ltd, 1979.

WHEELER, Gervase. *Rural Homes ; or Sketches of Houses Suited to American Country Life with Original Plans, Designs & c.*, New York, Charles Scribner, 1852.

WOODWARD, Geo. E. *Woodward's Country Homes*, New York, Geo. E. Woodward, 1865.

WRIGHT, Janet. *L'architecture pittoresque au Canada*, Ottawa, Parcs Canada, 1984.

Site Web :
http://www.internet-pilots.com/stblaise

Collection particulière :
Monsieur Ronald Chabot, Lévis.

Table des matières

Je me souviens la France...

Les Anglais arrivent !

Le XIXᵉ siècle et les styles romantiques

Au XXᵉ siècle, le passé a encore bon goût